珍藏本
纪念版

汉译世界学术名著丛书

商业性质概论

〔爱尔兰〕理查德·坎蒂隆 著

余永定 徐寿冠 译

商务印书馆
SINCE 1897 The Commercial Press
2017年·北京

Richard Cantillon
ESSAI SUR LA NATURE
DU COMMERCE EN GÉNÉRAL
Macmillan & Co. Ltd. London 1931
本书根据伦敦麦克米伦公司 1931 年版译出

汉译世界学术名著丛书
（120 年纪念版·珍藏本）
出版说明

2017 年 2 月 11 日，商务印书馆迎来 120 岁的生日。120 年前，商务印书馆前贤怀揣文化救国的理想，抱持“昌明教育，开启民智”的使命，立足本土，放眼寰宇，以出版为津梁，沟通中西，为中国、为世界提供最富智慧的思想文化成果。无论世事白云苍狗，潮流左右激荡，甚至战火硝烟弥漫，始终践行学术报国之志，无改初心。

迻译世界各国学术名著，即其一端。早在 20 世纪初年便出版《原富》《天演论》等影响至今的代表性著作，1950 年代后更致力于外国哲学和社会科学经典的译介，及至 1980 年代，辑为“汉译世界学术名著丛书”，汇涓为流，蔚为大观。丛书自 1981 年开始出版，历时三十余年，迄今已推出七百种，是我国现代出版史上规模最大、最为重要的学术翻译工程。

丛书所选之书，立场观点不囿于一派，学科领域不限于一门，皆为文明开启以来，各时代、各国家、各民族的思想与文化精粹，代表着人类已经到达过的精神境界。丛书系统译介世界学术经典，引领时代思想，为本土原创学术的发展提供丰富的文化滋养，为推动中国现代学术和现代化进程做出了突出的贡献。

为纪念商务印书馆成立120周年，我们整体推出“汉译世界学术名著丛书”120年纪念版的珍藏本，寄望既利于文化积累，又便于研读查考，同时向长期支持丛书出版的译者、编者和读者致以敬意。

两甲子后的今天，商务印书馆又站在了一个新的历史时间节点上。我们不仅要铭记先辈的身影和足迹，更须让我们的步伐充满新的时代精神。这是商务人代代相传的事业，更是与国家和民族的命运始终紧密相连的事业。我们责无旁贷，必须做好我们这代人的传承与创造，让我们的努力和成果不仅凝聚成民族文化的记忆，还能成为后来人可以接续的事业。唯此，才能不负前贤，无愧来者。

商务印书馆编辑部

2017年10月

《商业性质概论》述评

陈 其 人

《商业性质概论》是爱尔兰经济学家理查德·坎蒂隆所著，马克思使用它时，注明初版于1755年，但没有明确说是英文本还是法文本。关于该书的版本问题，马克思说：这本“著作的法文版的扉页上注明系译自英文，但该书的英文版《关于工商业、货币、金银、银行和外汇的分析》(菲利普·坎蒂隆著，选自一位已故的伦敦西蒂商人的手稿)不仅出版日期较晚(1759年)而且按其内容来说，也表明是后来的修订版”。[①] 这个说明同现在本书导言中的说明互异。我们将这个问题存而不论。由于本书事实上是经过菲利普·坎蒂隆修订的，所以无法判别哪些思想是理查德·坎蒂隆的。

现在我们以书为根据，按照它的结构和重要内容，从政治经济学史的角度作一述评。

① 《资本论》第1卷，第608页注(54)。

一、本书结构和重要内容

本书分为三大部分，各部分没有标题。但我们从它包括的内容便可以概括出，第一部分论述以物质财富生产为基础的社会经济横向的发展，亦即经济活动范围的变化，社会分工的发展，社会人口划分的经济依据，以及在交换中包含着的产品价值决定的规律；第二部分论述蕴藏在产品交换中的货币流通规律，以及货币利息的决定；第三部分论述对外贸易，以及由此涉及的货币制度和银行等有关问题。

第一部分从论财富开始。它认为“土地是所有财富由以产生的源泉或质料。人的劳动是生产它的形式”（本书第3页）。很清楚，这是配第所说的“劳动是财富之父，土地是财富之母”这句名言的借用。既然土地是人类赖以为生的财富的源泉，那么就必然认为不论社会以什么方式组成，人类总要以各种方式使用土地。但这在它看来，却成为人类所“居住的土地的所有权必将属于他们中间的少数人”（本书第3页）。因此，它是未经说明，便将土地私有权集中在少数人手里，作为分析问题的起点。这样一来，就必然发生土地租赁问题，地租由此产生。关于地租理论，我们将作专门的论述。

不论在土地上种植什么，耕种者必须住在土地附近，这就形成村庄。村庄还要有为耕种者服务的各种工匠。从人数看，耕种者要与耕地成比例，各种工匠要与耕种者成比例。由于富人或权贵的关心，有些村庄就变成市集，它吸引了许多小业主和商人。按照同样道理，市集的各种人口也是有比例的。由于大土地所有者将地租的物质担当者即产品运到遥远的地方去出售，并在该地同其他的地位相同的地主过愉快的社交生活，这个地方就成为城市。城市除地主外，还有商人、工匠和各行各业的人。都市的形成基本上与城市相同，区别只在于：全国最大的土地所有者住在首都，国王的官邸和最高政府设在首都。都市和城市中各种人口也是有比例的。最重要的，它认为“国家的所有阶级和居民，其生存都要依靠土地所有者的开支”（本书第9页）。关于这个问题，我们将作专门论述。

随着市集、城市和都市的形成和发展，商品生产和商品交换便发展，价值决定和市场价格变动的问题必然产生；个体生产者、小业主和资本家、工人也分别在发展和产生，这些人的收入如何决定的问题也必然产生。关于这两个问题，我们将分别作专门论述。

第二部分从论物物交换开始。它在第二部分实质上便开始论述的货币，要到这一部分的论物物交换之后，才全面展开。除货币的实质是直接代表社会劳动，因而才能执行社会的价值尺度职能这一点资产阶级经济学家一般都不可能认识的问题没有谈到外，有关货币的其他问题它都谈到了。这些货币理论问题和在第三部分论述的有关货币问题，我们合起来作专门论述。

第三部分从论对外贸易开始。由此涉及的是贸易差额和汇率决定等问题。由于这些与货币有关的问题已另行安排论述，这部分要专门论述的就是对外贸易理论了。

论述所有这些问题时，我们都从政治经济学史的角度对其进行评价。最后汇合起来，便要对该书进行总评价。我们的总评价，与该书1931年版附录的英国经济学家杰文斯的论文对它的总评价不同，因此也顺便地对杰文斯的论文说点看法。

二、地租理论

这里论述的地租，不是资本主义生产已经相当发展，自由竞争已经充分开展，社会平均利润率已经形成条件下的地租，这样的地租只能是超额利润；而是资本主义生产还不够发展，利润虽然已成为一个独立的经济范畴，但平均利润率还没有完全形成条件下的地租。

它首先从物质的观点考察问题。它说："欧洲人开垦土地并种植谷物以维持生活。他们饲养羊只，用羊毛做衣料。其中大多数人食用的谷物是小麦，但也有些农民用黑麦做面包。"（本书第34页）因此，出发点就是：谷物的产量扣除种子后，有一定的余额，这余额就是人们可以消费的。它认为这余额首先取决于土地的肥沃程度，因此它和种子的比例也就不同。当时，"欧洲土地的平均产量为种子的六倍。因此，相当于种子五倍的产量是留给人民消费的"（本书第35页）。

很明显，这余额不可能全部成为地租，因为它还没有扣除耕种土地的劳动者的个人消费基金和在资本主义经营条件下的利润。因此，它要回答这些问题。

它不是从理论，而是从经验回答问题的。它说："租地农场主通常取得土地产品的三分之二。他们把其中的一半用于补偿成本、供养帮工；另一半作为他们自己的经营利润。"（本书第22页）

换句话说，土地产品的三分之一就是地租。

这种说明有正确的地方，这就是将农场主取得的土地产品分为两大部分：一是补偿成本即 c 和供养帮工即 v 部分，二是经营的利润部分。而它也有很大的缺点，如果将补偿的成本仅仅理解为取回种子（其实不止是种子），那其大小是可以说明的，但供养帮工部分是未加说明的。如果说，根据经验或常识，这就是帮工所需要的口粮，那么，用这办法就无法说明利润的决定，因为利润不可能只是农场主的口粮。这点无法说明，地租的大小就无法说明。这反映出，资本主义生产没有发展到一定的高度，农业利润虽已从农场主的个人消费基金中分离出来成为一种独立的范畴，但平均利润率尚未形成，科学的地租理论便无法形成。

但是，这种从物质观点考察问题的地租理论，却成为重农主义派的纯产品理论的思想材料。因为它所说的地租，就是土地产品中扣除了种子、工资和利润的余额，这余额就是重农主义认为要转化为地租的纯产品。

这里谈一谈我对资本主义初期，平均利润和生产价格形成前，资本主义农业地租决定规律的看法。第一，资本主义最初经营的农业部门是畜牧业，这时毛呢工场手工业迅速发展，羊毛需要突增，其市场价格高于价值，因而提供了一个可以转化为地租的利润余额，16 世纪时的英国就是这样。第二，资本最初经营的是有利的土地（这不等于说资本经营的土地必然是从优到劣），资本主义的农业也比与它同时大量存在的小农有较高的劳动生产率，因而有较高的利润，这也提供了一个可以转化为地租的利润余额。一旦资本主义在农业中已占统治地位，资本主义的农业地租就只能是农产品价值高于生产价格和农产品个别生产价格低于社会生产价格的利润余额，这要以平均利润和生产价格的形成为前提。

三、“所有阶级和个人都是依靠土地所有者维持生活”的[①]

前面谈到，它认为村庄的耕种者人数要和耕种的土地成比例，其他人口如工匠的人数要和耕种者成比例，这作为一种原理，也适用于市集、城市、都市等。这是从各种社会劳动的划分，要符合一定的比例的角度来看的。与此相关联，它根据对地租产生的说明，提出了所有阶级和个人都是依靠土地所有者维持生活和致富的这一命题。

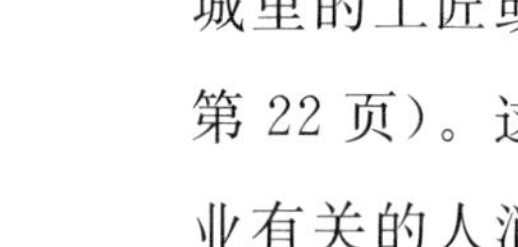

我们还记得它是这样说明地租的产生的：租地农场主取得土地产品的三分之二，作为补偿成本、供养帮工和所赚利润，土地所有者取得土地产品的三分之一，作为地租。它认为前三分之二的产品，“直接或间接地供养了所有生活在农村的人，以及一些住在城里的工匠或业主，因为他们的城市商品是在农村消费的”（本书第 22 页）。这就是说，这些产品直接间接由经营农业和与经营农业有关的人消费；后三分之一的产品，不仅供养了土地所有者，还“供养了那些把土地产品从乡下运到城里的脚夫”，供养了土地所有者“在城里雇用的所有工匠和其他人”。（本书第 22 页）

这里有两个问题：第一，根据它的说明，土地所有者及直接间

① 本书第 22 页。

接为其服务的人，确实是依靠土地所有者，或确切些说是依靠土地所有权维持生活的，但直接间接与经营农业有关的人，似乎不是这样。对此，它的解释是："如果君主和土地所有者关闭他们的庄园，不让人们耕种他们的土地，显然，任何居民都将得不到食物或衣服。"（本书第22页）第二，它也知道，在城里的"劳动人民不仅为君主和土地所有者服务，而且还彼此服务，因而他们之中的许多人并不直接为土地所有者工作。所以不能说他们是靠这些土地所有者的资本为生，或靠这些土地所有者养活的"（本书第24页）。但他们赖以为生的物质资料，说到底是土地产品，所以在它看来，上述命题仍然可以成立。

这个命题，从形式上反映了当时英国土地所有权在社会经济生活中的重大作用，表明资本主义生产尚未在国民经济中占据统治地位，资本所有权的作用远没有土地所有权这样大；从内容上则揭示了这样的经济规律，即在社会人口的划分中，有多少人可以不是农业劳动者，要取决于农业劳动者所生产的农产品，除了扣除种子、口粮外，还有多少剩余的农产品，即剩余农产品的数量决定非农业劳动者的人数。从政治经济学史的角度看，这里揭示的内容是有重大意义的。看来，英国经济学家詹姆斯·斯图亚特关于"自由的手"的理论，即社会上有多少人的手可以不束缚在农业生产上的理论，就是以此为思想材料的。

根据这个命题和上述的地租理论，它便认为："如果某个国家的人民满足于过最贫困的生活，消费最少的土地产品，这个国家的人口就可以进一步增加。如果某个国家的农民和工人习惯于吃肉食，喝葡萄酒、啤酒等等，这个国家就不能养活更多的居民。"（本书第 40 页)在它看来,这就是亚洲各国人口其所以多于欧洲各国的原因。

四、农业劳动者和手工业者,雇工和业主及其收入的决定

随着村庄、市集、城市和都市的产生,随着社会人口的划分,就产生除土地所有者阶级及其收入外,社会各阶层和阶级如何划分,以及其收入如何决定的问题。

它是从耕种土地的劳动者开始进行分析的。前面说过,它认为土地必然被少数人占有。这样,"如果大庄园主自己管理庄园,他就得使用奴隶或自由民来耕种土地",就必须"给他的劳动奴隶以生活必需品,并以此养育他们的子女"(本书第 16、17 页)。因此,这个奴隶的"劳动价值"就"应等于庄园主用于给他提供食物和生活必需品的土地数量加上为把一个孩子抚养到能够劳动的年龄所需的土地数量的两倍"(本书第 17 页)。后者其所以是两倍,是由于根据经验,有一半的孩子不到十七岁就夭折了,因而为了让一个孩子活到能够劳动的年龄就必须养两个孩子。据此,它得出结论:"一个最下等的奴隶的日常劳动,在价值上,等于维持他的生活所需要的土地产品的两倍①。"(本书第 18 页)不言而喻,奴隶监工的"劳动价值"要高一些。

① 按前面说明应为三倍。大概由于养活孩子所需土地产品为养活成人的一半,因此养活两个孩子等于养活一个成人,合起来就是两倍。

它认为，上述原理也适用于自由的农业劳动者，他的“劳动在价值上也应等于他维持生活所需的土地产品的两倍”（本书第18页）。

这样说来，对于土地所有者来说，使用奴隶和雇佣自由人就是同样的。但它认为使用奴隶更为有利，因为供养的奴隶过多，便可以像卖牲口那样把他们卖掉，而这些奴隶的价格等于为使其“长大成人或达到劳动年龄所花费的东西相当的价格”（本书第18页）。

它从农业劳动者的“劳动价值”去论述手工业者的“劳动价值”。它没有明白地说这里的农业劳动者是上述的奴隶、雇佣工人，还是个体农民，而它在这里论及的手工业者则是雇佣的手工业工人。它认为农业劳动者的“劳动价值”比手工业者的低。原因是前者的孩子到七岁或十二岁便帮助父亲进行辅助性的劳动，而如果父亲将他送去学手艺，在学徒期间，其父不但失去了帮手，而且要给他提供衣服和学徒费用。在英国大多数行业的学徒期为七年，期满后劳动寿命只有十至十二年。由于这样，“那些雇佣工匠或手工业者的人，必须为他们的劳动而付给他们高于农夫或普通工人的报酬，同他们在学艺期间所丧失的时间以及为精通技艺所需支付的费用和承担的风险成比例，他们的劳动必将更为昂贵”（本书第10—11页）。

这里要指出的是，它在这里论述的工匠或手工业者，是属于或参加行会组织的。它说：“工匠们并不让他们的所有子女学习自己的手艺。因为这样一来，工匠的数目就会超过一座城市或一个国家的需要。”（本书第11页）这正是行会制度的特点。

手工业者或雇工的“劳动价值”的决定如此，与其对立的业主的收入又如何决定呢？这里首先要指出，它论述的业主，指的是工农业资本家和城里的个体经营者，主要是商人。

它首先指出，租地农场主就是业主中的一种。他将土地产品中的三分之一交纳地租后，将余下产品中的一部分运到城里去出售，“这些产品的价格部分地取决于气候，部分地取决于需求”（本书第 24 页），即具有不确定性。前面提到农业利润如何决定尚未解决，这问题现在又出现。

城里还有零售商、面包师、酿酒者、成衣匠这些业主，“他们按某一确定的价格购买，但却以不确定的价格在自己的商店或市场出卖”（本书第 26 页），因此，他们的收入也具有不确定性。

从城里存在着雇佣工人便可以看出，城里也存在着资本家这种业主。它认为资本的产生是由于节俭。它说：“如果某个拥有高工资的人或某个大业主节约了资本或财富，这就是说，如果他贮存了谷物、羊毛、铜、黄金、白银或某些具有内在的（或真正的）价值，在一国内经常使用或有销路的产品或商品，那么……他可以运用这一资本来获得抵押品，或从土地和以土地为担保的公共贷款中取得利息。”（本书第 28 页）很明显，基于上述的理由，这些资本家的收入即利润的大小，同样是不确定的。

经过这样的分析，它就根据收入是否具有确定性，将君主和土地所有者以外的居民分成两个阶级：“业主和受雇者；所有业主似乎都是靠不固定的工资为生的，而其他人在能得到工资的情况下则是靠固定工资为生的，尽管他们的工作和地位可能非常不同。领取薪金的将军，领取津贴的朝臣和领取工资的家庭仆役都属于这个阶级。其他所有人都是业主，而不论他们是拥有资本能够独立营业的业主，还是没有资本仅靠自身劳动为生的业主。”（本书第27页）这种以收入是否固定为划分阶级标准的阶级理论当然是错误的，但以此为标准便将朝臣和仆役列为同一阶级，则表现了新兴的资产阶级对封建贵族的鄙视，尽管按照同一标准，它也认为乞丐和强盗由于收入不固定，因而属于业主阶级。

五、价值决定和市场价格变化的原因

要解决业主收入的不确定性问题，就要探讨商品价值的决定和商品市场价格的变化的原因。

关于价值的决定，由于它把价值看成是物质财富，因而一开始它就表明，土地是所有财富由以产生的源泉或质料，人的劳动是生产它的形式，因此它就逻辑地认为，“任何东西的内在价值都可以用在它的生产中所使用的土地的数量以及劳动的数量来度量”（本书第21页）。有时它又反过来说，“物品的价格与内在价值一般是生产该物品所使用的土地和劳动的尺度”（本书第14页）。

运用这个原理，下列不同类型物品的价值是这样决定的：“如果两英亩土地的土质相同，它们就能喂养同样多的羊只，出产同样多的羊毛；假如所投入的劳动也相同，这两英亩土地出产的羊毛的售价就将一样”；“如果一英亩土地出产的羊毛制成了粗毛料服装，另一英亩土地出产的羊毛制成了细毛料服装，后者往往比前者贵九倍，因为虽然两者包含着同样数量和质量的羊毛，但后者要求更多的劳动，更昂贵的做工”；（本书第14页）“钟表所用的优质发条的售价通常使原料对劳动，或者说钢材对发条的比例为一比一百

万，在这种情况下，劳动几乎构成了发条的全部价值”；而“堆放在田间收割现场上的干草，或准备砍伐的树林，它们的价格是根据其质量，由所含的质料或土地产物决定的”；“一壶塞纳河水的价格为零……但在巴黎街头，它要用一个苏才能买到。这一个苏是送水夫劳动的价格或他的劳动的尺度”。(本书第14、15页)这就是说，由于产品生产条件不同，土地和劳动在形成它的价值中占的比重也不同。

它在这里只告诉我们，各种产品的相对价值不同，还没有告诉我们，每种产品的价值是如何决定的。在后一问题上，它和其后的庸俗经济学家例如法国的萨伊不同。生产要素论者萨伊也将财富看成是价值，从而认为价值是劳动、工具(资本)和土地创造的，并分析这三者分别创造的价值的大小。它不是这样。它要将土地和劳动进行换算，也就是在这两者之间建立一种平价关系。这种关系一经建立，就可以分别单独用土地或单独用劳动来衡量价值了。

前面所说的农业劳动者的“劳动价值”等于他维持生活所必需的两倍土地这一基本原理，为它建立劳动和土地之间的平价关系奠定了基础。它认为根据这原理，就可以看出，“一天的劳动的价值同土地的产品有关”，既然“任何东西的内在价值都可以用在它的生产中所使用的土地的数量以及劳动的数量来度量”，那么，经过将劳动换算为土地(反过来，将土地换算为劳动也一样)，这“内在价值(就)可以用其产品将被分配给耕种它的人的土地的数量来度量”。(本书第21页)当然，它也知道，国家不同，土地产量不同，每个劳动者维持生活所必需的土地数量不同，因此，劳动和土地之间的平价比例即换算比例也不同。但不管怎样，它认为这种平价关系是存在的。

这种看法是错误的。劳动和土地之间没有通约性，当然也没有平价关系，在论及价值决定的原理时，尤其是这样。我们知道，劳动是价值的源泉，而土地不是这样的源泉，它们怎能通约？它之所以有此错误，是由于把价值看成是财富，是使用价值，因为在财富的生产上，劳动和土地共同发生作用。但是，即使是这样，这两者也不可通约。如果根据其不合理的说法，即"一天的劳动的价值同土地的产品有关"，意即一定量土地的产品是劳动者的生活必需品，这构成他的"劳动价值"或工资，并再生产着劳动力，以为这样就可以在劳动和土地之间建立平价关系，这就是错误地把生活必需品、劳动力看成是劳动了。这个平价关系问题，威廉·配第也遇到过。

关于这个问题，它曾指责配第。它说："配第爵士在1685年写的一篇简短的手稿中，把这个平价或劳动和土地之间的等式看作政治算术中的最重要因素。但是，他就此所做的附带的研究是充满幻想、远离自然规律的。"(本书第21页)这是怎么回事呢？原来配第的价值理论有一种是错误的。前面说过，他认为"劳动是财富之父，土地是财富之母"。他有时把财富或使用价值看成是价值。这样，在价值决定原理上，他就要在劳动和土地之间建立平价关系。他是这样论证的：假如把一头牛放在两英亩荒地上放养，一年内这牛增加的肉，够一个人食用五十天，即这荒地不借助人力生产了五十天口粮，这口粮就是这土地生产的价值，也就是这土地一年的地租；假如一个人在同一块土地上劳动一年，生产出六十天口粮，由于土地不借助人力能生产五十天口粮，现在有了人的劳动能生产六十天口粮,所以人的劳动能生产的是十天口粮,这十天口粮就是这劳动生产的价值,也就是这个人的工资。经过这样的分析,配第就在生产口粮这一点上,将劳动和土地建立起平价关系。但这就等于说,价值不由劳动决定,而由口粮决定。配第自己也说:"对于爱尔兰的小房子,我是根据修建它们的人在修建它们时所花费的食物的日数来评估它们的价值的。"[①]这是违反由他最早提出的劳动价值学说的。

由此可以看出,配第的平价理论是它的思想材料。配第错了,它也错了。

以上所说的,是它对"内在价值"决定的说明。下面要说的,是它对市场价格变动的说明。

它清楚地看到,与"内在价值"相区别的市场价格,是以前者为基础,因供求关系的变动,而环绕着前者发生波动的。它说:"虽然谷物的真实价值等于生产这些谷物所使用的土地和劳动,但由于谷物过于充裕,卖者多于买者,谷物的市场价格必将跌到内在价格或价值以下。"(本书第15页)反之亦然。这已是一个经济常识问题,不必多说。

值得提出的是,它认为:"为了不使问题复杂化,在这里我不考虑可能由于某年收成的好坏所造成的市场价格的变动,或可能由于外国军队或其他不测事件所造成的反常的消费。"(本书第32页)它要努力寻求市场价格变动的最重要的社会原因。

它认为这个原因在于"君主的特别是地主的爱好、时尚和生活

① 《配第经济著作选集》,商务印书馆,1981年版。

方式决定一国中土地的使用”，它“造成一切物品的市场价格的变化”（本书第29页）。其简明理由是：土地产品中归劳动者的那部分，由于是最必需的，劳动者的消费无大变化，对这些产品的需求也无大变化；归于农场主的那部分，由于是利润，其中有多少进入个人消费是可变的，消费的结构也是可变的，但它认为，这些人的消费行为主要是仿效土地所有者的消费；归于土地所有者的那部分（土地产品的三分之一），由于是地租，全部可供挥霍，吃、喝、玩、乐在其中占的比重不同，就要引起土地产品生产结构的变化，引起产品供需关系的变化，从而引起市场价格的变化。

例如，土地所有者“减少他的家庭仆役数目而增加他的马匹数目，那么，不仅他的一部分仆人将被迫离开……庄园，而且，与之成比例的、为养活他们而工作的一部分工匠和工人也将被迫离去。本来用于养活这些居民的一部分土地将被改成草场以饲养新的马匹”（本书第31—32页）。在调整的过程中，“对于居民的需求而言，谷物就会变得太多，于是，谷物将会降价而干草将会涨价”（本书第32页）。

这反映出，这时的英国资本主义的生产还受封建主义的限制，新兴的资产阶级通过对市场价格变动原因的分析，指责土地所有者阶级。

六、货币理论

全书涉及的经济问题，以货币问题为最多，并且是分散在各处予以论述的。这里撇开某些具体问题，仅就货币理论的根本问题作一述评。

货币的必要，是由于在交换中需要确定各种物品的价值的比例。前面说过，它认为价值由生产中所必需的劳动和土地决定，而劳动和土地之间有一种平价关系。很显然，不仅这种平价关系是无法建立的，而且即使不合理地认为能够建立，由此能够说明的也只是价值决定本身，但价值必然要表现为交换价值，货币就是交换价值发展的结果。它对此虽然没有认识，但是也感觉到要用土地和劳动以外的因素来衡量或表现商品的价值，它就是货币。所谓“货币或硬币可以在交换中确定各种物品的价值的比例，因而是判断土地和劳动之间的平价以及两者在不同国家的相互关系的最可靠尺度”（本书第21页），说的就是这个意思。

由于这样，货币就成为价值的共同尺度。它进一步要解决哪一种商品“被挑选出来充当共同尺度，是出于必然还是由于人们的一时冲动”（本书第51页）的问题。逐一比较分析了谷物、酒、肉食、布匹、亚麻、皮革、钻石、宝石、铁、铅、锡和铜的特性之后，它得出结论说：“只有黄金和白银具有体积小、质量相同、易于运输、可分割……易于保管、用它们制造的物品美丽而明亮、几乎可以无限期地使用等特性。所有使用其他物品充当货币的人一旦找到足够的用于交换的金银，就转而把它们当作货币。”（本书第53页）在这里，我认为最可注意的，是它关于充当货币的商品要具有质量相同这种特性的论述，这是坎蒂隆超越其他资产阶级经济学家的地方。诚然，他不了解商品生产的基本矛盾是私人劳动要转化为社会劳动的矛盾，这个矛盾的解决必然要求有一种虽然是私人劳动的产物，但它无须经过交换就直接代表社会劳动的商品，这样的商品就是货币，它既然直接代表社会劳动，生产它的劳动就必须是同质的，亦即它的产品不论产于何地，质量都是相同的。尽管他不了解这些，但能说出这一点，这是他的建树。

现在的问题是：货币或黄金和白银的价值怎样决定。它认为同商品的价值决定一样，货币的价值也由生产它所必需的土地和劳动决定。本来，金银和农产品产自土地，而土地存在着作为经营对象的垄断，因此，金银这些矿产品和农产品一样，其价值要由劣等生产条件决定。但是，它却相反地认为，金银的价值要由新开采的富矿的生产条件决定。它没有用这个原理来分析农产品的价值决定。它之所以这样说明金银价值的决定，显然是由于受到美洲发现后，开采丰饶金银矿，欧洲劣矿便退出生产这一现象的影响。

有的经济学家混淆价值尺度和价格标准，它不是这样。它说，“一些国家建立起造币厂，以便通过国家铸币确保每个银币的含银量”（本书第49页），这就是价格标准的确定。而当“国王降低其货币成色但却维持它的名义价值时，所有未加工的产品和制造品的价格都会同货币的贬值程度成比例地上涨”（本书第53—54页），这就是说，价格标准降低，价格就上涨，如同尺缩短，尺衡量的长度就增大一样。

根据它的价值由劳动和土地决定的思想，以及货币是价值的共同尺度的理论，它分别在不同的地方提出一国的富裕程度应由哪一种因素来衡量的问题。回答是不相同的。它有时认为，“一国的劳动愈多，该国就愈自然地被尊奉为富有”（本书第42页）；有时认为，“国家的相对实力和富庶程度，在其他条件相同的情况下，决定于当时当地在这些国家流通的货币的充裕程度”（本书第89

页);但又认为,“黄金和白银,同拥有土地相比,远为容易因受不测事件的影响而遭受损失”(本书第28页);虽然这样,说到底,它还是认为,由于货币是“普遍接受的价值尺度,永远可以用来交换任何生活必需品”,如果一国“居民以自己所生产并输往国外的产品和制造品作为交换,把金银吸引到自己的国家(以取得贸易顺差为前提。——引者),那么,他们的劳动就将是同等有益的,并将在实际上改善自己的国家”。(本书第43页)这就是重商主义对它的影响,但它并不是重商主义的翻版。因为重商主义认为只有金银货币才是价值,而它却认为,货币是共同的价值尺度,取得货币便能取得任何商品,因此只有将劳动变成货币,才能改善国家。

这就要论及它关于货币作为流通手段的思想了。它详尽地分析了一个国家的货币流通量是怎样决定的。它将这个问题和它的地租理论联系起来,认为“一国的所有产品以及制造商品所用的原料都直接或间接地来自租地农场主之手”,而农场主的产品中属于地租的部分,“必须以现金的形式付给地主”,其他部分中用于“购买铁、锡、铜、盐、糖、布料的部分(也)需要使用现金”,至于“乡下人的食物和饮料,为了得到它们并不需要现金”,(本书第59页)撇开哪些产品必须成为商品进入流通这个问题不谈,它认为流通的货币量要取决于流通的商品量及其价值,这种看法当然是正确的。

它了解所需的货币流通量同货币流通速度成反比。如果“每半年支付一次而不是一年支付一次地租”,原来“每年支付所需的货币量是一万盎司而现在只需五千盎司就够了”,(本书第61页)说的就是这个意思。

它也了解货币作为支付手段,并和信用相结合,可以减少货币流通量。它说,如果商人之间彼此“相互信任,他们把产品和商品按各自的市场价格记入账户;那么,这种商业往来所需要的唯一的真正的货币,就只不过是在一年终了一方所欠另一方的货币差额”(本书第 67 页)。

在货币流通数量和商品价格水平之间的关系的问题上,它是属于特殊的货币数量说的论述者。一般的货币数量说认为,进入流通前,货币和商品都没有价值,在流通中形成的价格,就是一方的货币量和另一方的商品量的商数,价格与货币量成正比。严格说来,它不是这样,因为前面说过,它认为商品和货币都有价值,并且按同一原理决定。这样,它就不应有货币数量说的思想。可是,它却说,“每个人都同意:货币的充裕性或它在交易中的增加,将提高一切东西的价格”;并且以此来解释欧洲经济史上的所谓价格革命:“在过去两个世纪,由美洲运到欧洲的货币数量已从经验上证明了这一真理”,(本书第 76 页)即货币数量增加使价格水平上涨。本来,即使是按照它的错误的商品和货币价值决定的理论,它也应该看出,由于美洲丰饶金银矿的开采,货币价值下降了,商品价格便上升,商品总价格增大,假设货币流通速度不变,所需的货币流通量便增加。因此,货币流通量增加是价格上升的结果,而不是价格上升的原因(这里的货币是金属货币)。至于欧洲价格革命的原因,那就是货币价值的下降。

那么,它为什么提出与其商品和货币价值理论相矛盾的货币数量说呢?原来,它把金银的增加看成是流通中货币数量的增加,再看成是需求的增加,从需求和供给的关系,来说明市场价格上升——这是它和一般的货币数量说不同的。它说:“一国中真实货

币的增加将导致消费的相应增加，而后者又将造成价格的上涨。”（本书第77页）这就等于将货币等同于一般商品，它要处在流通中，当其量过多时，就如同商品供给过多一样，其市场价格就下降到价值以下，而货币“市场价格”下降，就使商品价格上升。这就表明，它不了解货币是代表社会劳动的，如果它的量过多了，作为社会劳动即价值的实体，它可以退出流通，成为储藏手段，而调节它的流通量，这是和一般商品不同的。

由此它就认为，一国货币过多，由于引起物价上涨，地租也随着增大，对土地所有者是有好处的，但对其他人却只有坏处。这种过多的货币，不论是开采金银矿得来的，还是从外贸顺差得来的，最后都会导致同样的结果。防治之法只能是由君主或立法者，“使货币退出流通，并把它们保存起来以便在紧急时使用”（本书第87页）。这就是说，不是经济过程本身，而是人的作用使货币成为储藏货币。

它将利息看成是借贷货币而不是借贷资本商品的产物，在这种考察下的利息应该是前资本主义的利息，这种利息率的高度是无法说明的。它说，“货币所有者贷出了大量货币，并以取得抵押品或该国产品和商品的形式获得利息”（本书第28页），便属这种情况。它又将利息实质上看成是借贷资本商品的产物，在这种考察下的利息是资本主义的利息，它只能是利润的一部分，这种利息率的高度一般在零和利润率之间，由借贷两方的供求关系决定。它说：“需要借钱的人起先必须以利润引诱放款者。这一利润必然同借款者的需要和放款者的担心与贪欲成比例。我以为这就是利息的来源。但它在各国的经常性运用则似乎是以业主从中所能得到的利润为基础的。”（本书第94页）对这两种利息的混淆，是当时英国资本主义不够发达，封建主义远未消灭这一历史情况的反映。

七、对外贸易理论

它有两种对外贸易理论，一种是纯理论的，另一种是为英国提供政策的，后者的理论依据不是前者。

先谈第一种。它根据其货币理论，认为“在货币最充裕的国家，土地和劳动的价格……较高，因而上述国家往往可以用一英亩土地的产品换取别国两英亩土地的产品，用仅仅一个人的劳动换取别国两个人的劳动”（本书第88页）。如上所述，它认为货币流通量过多，最终对土地所有者之外的人都是不利的，因而不能以此制定对外贸易政策。

再谈第二种。假如巴黎的贵妇人每年消费布鲁塞尔的精制麻织品和比利时的布拉邦特人每年消费法国的香槟酒，价值都是十万盎司白银。根据它的价值理论，它认为这两者必然是同等数量土地的产物。这样说来，两国交换，谁也不吃亏。但它认为不是。它的论证是：麻织品所需亚麻，只需布拉邦特的四分之一英亩土地便能生产，将亚麻制造成麻织品，共需二千人的一年劳动，他们所需的消费品要六千英亩土地生产出来，即麻织品共价六千零二点五英亩土地；一单位香槟酒值六[①]盎司白银，每英亩土地能生产四

① 本书为六十，但按六十，则算不出下列的数字，所以改为六。

单位酒，这样香槟省就要四千一百六十六点六英亩土地来生产酿造酒的作物，此外酒要许多马来运输，也要有二千英亩土地作为放牧地和饲料地，即香槟酒共价六千一百六十六点六英亩土地，与麻织品大体上相等。但它认为，加工亚麻的是人，因此所需的土地生产的是人的消费品；运酒的是马，因此所需的土地生产的是马的饲料；布拉邦特人由于喝法国香槟酒，便省下四千英亩土地，这又可以生产消费品。因此，吃亏的是法国，原因是它出口少用劳动加工的土地产品，得益的是比利时，原因是它出口多用劳动加工的制成品。

据此，它认为，“假使国家每年习惯于向国外输出大量土地产品来换取外国制成品，那就无利可获了”（本书第 109 页），因此，一个国家要实行这样的外贸政策，即以本国制成品来换取外国土地产品。根据同样道理，“正如一国鼓励外国制成品是不利的那样，鼓励外国海运业也是不利的。当一国把商品和制成品送往国外时，如果用自己的船只运输，就能充分得益”（本书第 112 页）。而英国“在国内和殖民地拥有造船所需的一切材料”（本书第 113 页）。

最后，它指出：“对于一国实力的兴衰来说，最重要的贸易是对外贸易；国内贸易在政治上并不具有同样重大的意义；如果不注意增加和保持大批作为本国公民的商人，以及船只、水手、工人和制造商，对外贸易就仅仅得到一半支持。”（本书第 114 页）。

它就用这些以错误的理论为依据的外贸政策，来为英国的资产阶级谋利益。

八、本书在政治经济学史上的地位

总结上述，可以这样说：本书属于古典政治经济学，因为它要探索资本主义经济规律，分析资本主义生产关系；从思想体系看，它有重商主义的观点，又有重农主义思想的萌芽，是重农主义的先驱。

但它在古典政治经济学中的地位，比不上威廉·配第的一些著作，也比不上亚当·斯密的《国民财富的性质和原因的研究》，更比不上大卫·李嘉图的《政治经济学及赋税原理》。其所以如此，是由于资本主义生产是在商品生产制度的基础上生产剩余价值，因此古典政治经济学家必须回答商品的价值由何决定，以及剩余价值从何产生这两大根本问题，然后视其答案的正确程度，确定经济学家及其著作的地位。我们知道，配第第一个提出了劳动价值学说，并以此为基础说明剩余价值（地租）的产生，因此，他是古典政治经济学的鼻祖。斯密发展了配第的这两种学说，李嘉图又发展了斯密的学说，并使古典政治经济学达到它的最高点，因此他们分别是这个学派的发展者和完成者。本书的价值理论不是劳动价值学说，因而地租理论和利润理论也不可能是以劳动价值学说为基础的剩余价值学说。因此，它的地位只能如此。

杰文斯对本书的评价与我们不同，认为“它比我们知道的任何一本书都更有资格被称为‘关于经济学的第一篇论文’”（本书第162页），超过了配第的著作，因而是“政治经济学的摇篮”。杰文斯的理由主要有两点：一、认为它说的土地和劳动创造财富的论

点，拨响了经济科学的琴弦，把握住了各生产要素之间的平衡。在我们看来，它混淆了价值和使用价值，这种论点便为其后的庸俗价值学说——生产要素论——提供了思想材料。二、认为它是经济学的百科全书，除税收问题外，什么都谈了，尤其称赞其中的货币理论，因为它的分析比“任何文章都深刻”。百科全书可以是集大成的，但是它显然不能成为“摇篮”。至于它的货币理论，我们已说过，除货币的本质外，它都谈到了，其中最卓越的是“质量相同”这一点，谈得最多的是货币数量说，从这点看，认为它在货币理论上的重要贡献是“质量相同”说，是可以的，但把它扩大为贡献了第一本政治经济学著作，则是不对的。

杰文斯还将它和休谟的著作比较，认为它不受后者的影响而超过后者，以此来说明它是“摇篮”。我们知道，作为经济学家，休谟的主要贡献是货币数量说，在他之前的洛克也是这样。即使它的货币数量说比休谟和洛克都高明，难道可以以此错误学说来说明它的地位？

杰文斯对它的评价，反映了杰文斯的倾向。

译者附记：本书导言，第一、二部分及杰文斯写的《理查德·坎蒂隆和政治经济学的国籍》是余永定同志翻译的；第三部分及希格斯写的《理查德·坎蒂隆的生平和著作》是徐寿冠同志翻译的。

目　　录

导　言

《商业性质概论》一书终于在英国首次印行了。该书完稿于1730年至1734年之间。现在的英译本是根据1755年的法文本译出的。法文原本在语法、拼写、重音和标点符号上错误百出。尽管这种不完善性本身并不重要，但它却使人们对一些权威人士的看法，即该书确实是用法文写的这一点提出异议。

为便于参考其他作者的引文，本书用带方括号的斜体字标出了原书的页码①。

本书采用了法英对照的形式。英译文根据波斯尔思韦特字典中的许多对应段落进行了校订，并在许多地方采用了字典中的措辞。其理由已在本书第206页作了说明。现在献给读者的英译全本是这类译本中的第一部，可以把它看作是对原书问世二百周年的纪念。

本书收录了杰文斯在发现原书而产生的狂喜中所撰写的一篇文章。这篇文章无论在形式还是实质上都配得上与本书联系在一起。

本书收录的另一篇文章对杰文斯所援引的事实作了某些纠

① 中译本从略。——译者

正，解开了他的某些疑团，并使我们对坎蒂隆的生平与著作有了进一步的了解。

承鲍斯·戴利夫妇允许在本书刊登坎蒂隆的妻子与女儿的肖像，谨在此向他们表示衷心的谢意。

亨利·希格斯

1931年7月

第一部分

第一章　论财富

土地是所有财富由以产生的源泉或质料。人的劳动是生产它的形式:财富自身不是别的,只是维持生活、方便生活和使生活富裕的资料。

土地产生草本植物、块根植物、谷物、亚麻、棉花、大麻、灌木以及有形形色色果实、树皮和树叶的各种树木,如养蚕的桑树之类,它还提供矿藏和矿物。而人的劳动给这一切赋予了财富的形式。

河流和海洋提供鱼作为人的食物,提供许多别的东西供他享用。但这些海洋和河流属于毗连的土地或为一切人所共有,人通过劳动向它们索取鱼和其他好处。

第二章　论人类社会

不论人类社会以什么方式组成,他们所居住的土地的所有权必将属于他们中间的少数人。

在游牧社会,如携带牲畜和家族从一处漫游到另一处的鞑靼部落和印度营旅,他们的领袖(统帅或国王),必须确定每个家族头人的地界和每个人在营帐周围的地盘。否则人们就会为争夺地盘或各种便利、树林、牧草、水源等发生冲突。但每个人的地盘和地界一经划定，它实际上就是他们在那个地方停留期间的所有权。

在比较稳定的社会，如果一位君主率领军队征服了一个国家，他就会根据他的僚属和宠信们的功劳或自己的意愿（如原来在法国那样）在他们中间分配土地。尔后，他将制定法律，把财产授予他们和他们的继承人；或者他将自己保留土地所有权，而雇用僚属和宠信们去耕种；或者他将把土地赐予他们，但要求他们每年为此缴租或纳贡；或者他将把土地赐予他们，但保留视需要和他们的能力每年向他们征税的自由。在所有这些情况下，这些僚属或宠信，不论是绝对的所有者还是依附者，不论是土地产物的管理者还是代理人，他们在居民总人数中的比例是很小的。

土地即使由君主平分给所有居民，它最终还是要被少数人所分享。一个人可能有好几个子女，他无法分给他们每人一块同自己的土地大小相等的土地；另一个人身后可能没有子女，他会把自己的这份土地留给某个已拥有土地的人。第三个人可能是一个懒惰、挥霍无度或羸弱的人，他将被迫把自己那块土地卖给另一个节俭、勤劳的人，后者将通过购买新土地不断增加自己的财产，并雇用无土地的人为他耕种。而那些人为生活所迫不得不向他提供自己的劳动。

当罗马刚刚建立起来时，每个公民拥有分配给他的两 Journaux① 土地。但此后不久就出现了如我们今天在欧洲一切国家中

① 古代土地面积单位，相当于一人一天能耕种的面积。——译者

所看到的那种巨大的不平等：土地被少数所有者所瓜分。

假定新国家的土地属于少数人，那么每个所有者就得亲自管理土地或把它租给一个或多个租地农场主。在这种情况下，重要的是，租地农场主或工人，无论是为所有者还是为租地农场主耕种土地，都应得到一定报酬以维持生活。土地的剩余产品由所有者支配。他将把其中一部分上缴君主或政府，或由他承担费用，而让租地农场主直接这样做。

至于土地的利用情况，首先，必须把一部分土地用于为耕作它、使之具有生产能力的人提供食物和其他生活资料。其他土地的利用主要取决于王公贵族和土地所有者的兴致和生活时尚。如果这些人喜欢宴饮，就必须种葡萄；如果他们喜欢绸缎，就必须植桑养蚕；此外还必须用一部分土地来养活从事这些劳动所需要的人；如果他们喜欢骑射，就需要有牧场，等等。

然而，如果我们假定土地不属于任何一个特定的人，那就很难设想人类社会如何能在那里建立起来。例如，我们在村社中可以看到，每个社员所能拥有的牲畜头数都有明确的规定。如果在一个新征服或新发现的国家中，土地落到了第一个占领者手里，要建立社会就必须依靠法律授权予所有权，而不管这种法律是凭借武力还是凭借政策来实现。

第三章　论村庄

无论在土地上种植什么，无论是种牧草、谷物还是葡萄等等，从事耕作的租地农场主或工人必须住在土地附近；否则下地和回家将占去一天中的太多时间。因此，需要在所有农村地区和被耕种的土地上建立村庄，农村地区还必须有足够的铁蹄匠和制轮匠以修造所需要的工具、犁和车辆；如果村庄离城镇较远，情况就更是这样。村庄的大小，从居民人数上看，必然同耕种村庄周围土地所需要的人力，以及能够从当地租地农场主和工人那里找到足够工作的工匠人数成比例。但城镇附近不太需要这些工匠，因为工人进城不用花太多时间。

如果一个或多个在村庄周围拥有土地的所有者住在当地，那里的居民人数就会更多一些，所增多的数目同家庭仆役、被吸引到这里的工匠，以及客栈的数目成比例，在那里建客栈，是为了给地主供养的仆役和工人提供方便。

如果土地只适于养羊，如在沙性土壤地区和沼泽地，村庄就会少一些、小一些，因为在这样的土地上只要有少数牧羊人就够了。

如果土地仅出产适应沙性土壤的树木，而不生长喂养牲畜的牧草，如果它们远离城镇和河流而使木材无从消费（如人们经常在德国所看到的），就将只有为数不多的房舍和村落供按季节收集橡子和养猪之用。而如土地全然是贫瘠的，就将既无村庄又无居民。

第四章 论集镇

有些村庄，由于某些富人或权贵的关心，建立了市集。这些市集每礼拜开一两次，吸引了许多小业主和商人。他们在市集购买附近村庄的产品，然后运到大市镇去卖。在大市镇，他们用这些产品交换铁、盐、糖和其他商品，再在集日卖给村民。许多小工匠，如锁匠、家具木工等,也住下来,为本村没有这类工匠的村民干活。最后,这些村庄便成了集镇。集镇坐落在村民前来赶集的几座村庄的中心。村民在集日把产品带到这里出卖并买回所需要的物品。这比让商人和代理商把物品运到各村以便交换他们的产品更自然更容易。因为:(1)商人沿村贩卖将不必要地增加贩运成本。(2)商人们或许要在到过许多村落之后,才能找到他们所希望购买的、在质量和数量上都合意的产品。(3)当商人来到村里的时候,村民们一般都在田间。由于不知道商人需要什么当地产品,他们也拿不出任何已经准备好的适于出卖的东西。(4)在村子里,商人和村民几乎无法确定产品和商品的价格。在一个村庄,商人可能拒绝村民对其产品的要价,而希望在另一个村庄买到更便宜的产品;村民可能拒绝商人对其商品的出价,而希望另一个商人也会到这里来,并以较高的价钱购买它。

如果村民在集日到集镇出售产品,购买所需物品,所有这些困难就迎刃而解了。价格是由陈列待售的产品和用于购买它的货币之间的比例决定的。这发生在同一地点,发生在来自不同村庄的所有村民以及市镇商人或业主的众目睽睽之下。当价格在少数人之间确定下来之后,其他人就会毫无困难地照此办理,当天的市价就这样决定了。散集后,农民返回自己的村子,继续进行劳动。

集镇的大小,必然同耕种集镇周围土地所需要的租地农场主和农业工人的数目成比例。它还同工匠和小商人的数目成比例,他们是由集镇周围的农村,连同其助手和马匹一起雇来的。最后,它还同住在当地的地主所供养的仆人的数目成比例。

如果属于某个集镇的村庄(即其村民通常把产品拿到这里的

市集出卖的村庄)很大、出产很多,这个集镇就将相应地变得很大、很重要。但如周围村庄的出产很少,这个集镇就将是贫穷和无足轻重的。

第五章　论城市

仅拥有小庄园的地主通常住在集镇和村庄,紧挨他们的土地和租地农场主。由于需要把取之于前两者的产品运到遥远的城市,所以他们无法在城市过舒适的生活。但拥有许多大庄园的地主则有办法生活在远离土地和租地农场主的地方,而同其他地位相当的地主、士绅共享愉快的社交生活。

如果由于征服或发现了新的国家而被赐予大量土地的某个君主或贵族定居在某个愉快的地点,如果别的贵族也来到此地居住,以便彼此能经常会面,享受愉快的社交生活,这个地方就将变成城市。将为上述贵族建造宏伟的宅邸,将为因这些贵族的居留而被吸引到这里来的商人、工匠和各行各业的人建造许许多多其他的房舍。为了为这些贵族服务,将需要面包师、屠夫、酿酒师、酒商和各类制造商。他们将在当地建造房屋或租赁别人盖的房屋。正如从本书附录的详细计算中(计算工作是别人帮助完成的)可以看到的,每一个贵族都通过自己在住房、随从、仆役上面的开支,供养着各种商人和工匠。

由于所有这些工匠和业主不仅为贵族服务而且彼此提供服务,人们忽视了这样一个事实,即供养这些人的负担最后都落到了贵族和地主身上。人们没有察觉到,在城市里,我们所描述过的普通家庭全都依靠富贵人家的开支生活。然而，以后将证明，国家的所有阶级和居民，其生存都要依靠土地所有者的开支。如果国王或政府在该城设立法庭（各地集镇和村庄的人民都必须依靠它的帮助），上述城市就会进一步扩大，因为为了给法官和律师服务，将需要更多的各种业主和工匠。

如果在这同一城市里，建立了除为国内消费，还为出口和海外销售提供产品的作坊和手工工场，它就将成为大城市，它的大小同当地靠外国人的开支为生的工人和工匠的数目成比例。

但如我们把这些考虑放到一边，以便不使问题复杂化，我们就可以说：只要许多富有的地主生活在同一个地方，这种聚集就足以构成所谓的城市；在欧洲、在法国内地，许多城市的居民人数就是由这种聚集决定的。在这种情况下，城市的大小必然同生活在那里的地主数目，或更确切地说，同属于他们的已作扣除的土地产品成比例，这些扣除是：其土地离城市最远的那些人的产品的运输费用，以及他们必须提供给国王或政府的那部分产品，而这些产品通常是在首都消费的。

第六章　关于都市

都市的形成，基本上与省城相同，区别在于：全国最大的土地所有者住在首都；国王的宫邸和最高政府设在首都，政府的收入是在这里支出的；最高法院也设在首都。首都是外地争相仿效的时尚中心，外省土地所有者绝不会错过到首都住上一段时间，并把自己的子女送到这里接受教育的机会。因此，该国的所有土地都为供养住在首都的那些人或多或少地作出了贡献。

如果国王离开一座城市搬到另一座城市去住，贵族们就会追随他，同他一起搬到新城市去。这座新城市将会变成一座重要的大城市，而原来的城市则会衰落下去。我们从彼得堡对莫斯科所造成的损害看到了这方面的一个相当晚近的例子。我们看到，许多一度十分重要的城市变成了废墟，而另外一些城市则在它们的灰烬上拔地而起。为了便于运输，大城市通常建立在海岸或大河两岸，因为利用水路运送保证居民生存与舒适所必不可少的产品与商品，比利用陆路运输便宜得多。

第七章 农夫的劳动的价值低于手工业者的劳动的价值

一个农业工人的儿子，到了七岁或十二岁就开始帮助他的父亲看管牲畜，挖掘土地或从事其他不需要技艺或技能的田间劳动。

如果他的父亲送他去学手艺，在他当学徒期间，他的父亲不但失去了他的帮助，而且还要在许多年内给他提供衣服，支付他的学徒费用。这样，儿子就成了父亲的一个负担，而且在若干年内，他的劳动并不能带来什么好处。据估计，人的劳动寿命只有十年或十二年。在英国的大多数行业中，学徒期为七年。由于学一门手艺要丧失许多年的劳动时间，如果手工业者挣的钱不比农夫多，一个农夫是绝不会让他的儿子去学手艺的。

因此，那些雇用工匠或手工业者的人，必须为他们的劳动而付给他们高于农夫或普通工人的报酬，同他们在学艺期间所丧失的时间以及为精通技艺所需支付的费用和承担的风险成比例，他们的劳动必将更为昂贵。

工匠们并不让他们的所有子女学习自己的手艺。因为这样一来，工匠的数目就会超过一座城市或一个国家的需要。许多人就会找不到足够的工作。然而，这种劳动的报酬自然要比农夫劳动的报酬丰厚。

第八章 由于情况和场合不同，有些手工业者收入多些，另一些则少些

假定有两个裁缝承做整个村子的所有衣服，其中一个裁缝的顾客可能比另一个多一些，这或许是因为他善于招揽顾客，或许是因为他做的衣服比另一个更好、更耐穿，或许是因为他的服装款式更时髦。

如果一个裁缝去世了，另一个裁缝发现自己的工作量增加了，他就会提高自己劳动的价格，并在交活速度方面优先照顾某些顾客。直到村民发现，如果到别的村庄、集镇或城市做衣服对自己更为有利，尽管一去一回要在路上用去很多时间；或者直到另一些裁缝搬到这个村子住下，同他分享生意，这种情况才改变。

那些训练时间最长，最需要创造性和勤勉精神的手艺必然是报酬最高的。一个熟练木匠的工作报酬必然比一个普通的木匠高，一个优秀钟表匠的工作报酬必然比一个马蹄铁匠高。

那些伴随着风险和危险的技艺和手艺，如铸工、海员、采银矿工等的技艺和手艺，应根据所冒的风险得到报酬。如果除了承担

风险之外，还需要有熟练技术的职业，如领航员、潜水员、工程师等职业，它们的报酬就应该更高一些。如果某种职业需要资格和承担责任，如首饰匠、簿记师、出纳员等，劳动的报酬就还要更高一些。

从这些例子和其他无数日常经验中，我们容易看出，为日常工作所支付的价格的差别是以一些自然和明显的理由为基础的。

第九章　在一国做工的工人、手工业者以及其他人的数目，必须同对他们的需求成比例

如果一个村里的所有工人都教自己的几个儿子干同样的工作，耕种该村土地的工人就太多了。多余的成年人就必须到别处谋生。一般来说，他们是到城里去谋生。如果他们之中的某些人同自己的父亲一道留在村里，那么，由于无法找到足够的工作，他们的生活就会变得极为贫困。因为缺乏养活子女的生活资料，他们只好不结婚。即便结了婚，出生的子女也会很快同自己的父母一道死于饥饿。这种情况在法国是屡见不鲜的。

因此，如果一个村庄的就业情况没有变化，如果这个村庄始终靠耕种同一块土地维持生活，那么，它的人口在一千年里也不会增加。

诚然，这个村庄的妇女和少女在不从事田间劳动的时候可以纺纱织布或生产其他可拿到城里出卖的物品，但依靠这种办法很难供养更多的子女，他们只能离开村子，另谋生路。

对于村庄里的手工业者来说也是如此。如果一个裁缝承做村

里的所有衣服，并把手艺传给他的三个儿子，由于这里的工作只够他的一个继承者来做，其他两个儿子就只好到别处去谋生。如果他们在邻近的城镇找不到足够的工作，为了谋生，他们就必须到更远的地方去，或者改行当跟班、士兵、水手等等。

根据同样的道理，不难想象：工人、手工业者和其他靠劳动为生的人，必须使自己的数目同集镇和城市的就业状况以及对他们的需求相适应。

但是，如果在四个裁缝就足以为整个城镇承做所有衣服的时候又来了第五个裁缝，这个裁缝就会抢走其他四个裁缝的一些主顾。这样，如果工作在这五个裁缝之间分配，他们就都不会有足够的工作做，每个人的生活就都将比以前贫困。

这种情况，即同做一件工作的人太多，结果，工人、手工业者都没有足够的工作做，是经常发生的。下述情况也时有发生，即由于不测事件，由于需求的变化，他们失去了工作，或者由于某种情况，他们的工作负担过重。然而，不管情况如何，如果他们找不到工作，他们就会离开自己居住的村庄、集镇或城市，使留下来的人的数目同足以维持他们生活的就业机会相适应；如果工作不断增加，这里就将有钱可赚，就会有足够的人来到这里，以分享这种收入。

从这里不难看出，英国的慈善学校，法国人提出的增加手工业者的建议，都是无用的。即使法国国王自己花钱派十万臣民到荷兰学航海，如果法国下水的船只数目不增加，这些人回到法国后也是毫无用处的。确实，如果一个国家教会自己的臣民生产那些在传统上是由国外输入的制造品以及其他所有需在国外购买的物品，该国将得到很大好处。但我们现在只考虑一个国家自身的问题。

因为手工业者赚的钱比工人多，所以他们比较容易把技艺传授给自己的孩子。如果一个国家有保证手工业者能够经常就业的足够的工作机会，这个国家是绝对不会缺乏手工业者的。

第十章　物品的价格与内在价值一般是生产该物品所使用的土地和劳动的尺度

某一英亩土地所生产的谷物或喂养的羊只可能比另一英亩土地多，某个人的劳动，正如我早已解释过的，由于技术较高，占用时间较长，因而可能比另一个人昂贵；如果两英亩土地的土质相同，它们就能喂养同样多的羊只，出产同样多的羊毛；假如所投入的劳动也相同，这两英亩土地出产的羊毛的售价就将一样。

如果一英亩土地出产的羊毛制成了粗毛料服装，另一英亩土地出产的羊毛制成了细毛料服装，后者往往比前者贵九倍，因为虽然两者包含着同样数量和质量的羊毛，但后者要求更多的劳动，更昂贵的做工。土地产品的数量、劳动的数量和质量必将成为价格的组成部分。

正如在附录中通过对不同生产过程的计算所显示的，把一磅亚麻制成精美的布鲁塞尔花边需要十四个人劳动一年或一个人劳动十四年。从附录中也可以看到，这种花边的价格足以支付供一个人生活十四年的费用，并为所有有关业主和商人提供利润。

英国钟表所用的优质发条的售价通常使原料对劳动，或者说钢材对发条的比例为一比一百万，在这种情况下，劳动几乎构成了发条的全部价值。读者可参看附录中的计算。

另一方面，堆放在田间收割现场上的干草，或准备砍伐的树林，它们的价格是根据其质量由所含的质料或土地产物决定的。

一壶塞纳河水的价格为零，因为塞纳河水的供应量极大，永远不会枯竭。但在巴黎街头，它要用一个苏才能买到。这一个苏是送水夫劳动的价格或他的劳动的尺度。

通过这些例子和归纳，我想，可以懂得，物品的价格或内在价值，在考虑到土地的丰度或产物以及劳动的质量的情况下，是衡量生产该物品所使用的土地和劳动的数量的尺度。

但也经常发生这样的事情，即许多物品虽然确实具有内在价值，但却不能按这个价值在市场上出售。这时，这些物品的售价将取决于人们的兴致和想象，取决于它们的消费量。

如果一位绅士在自己的花园里开挖沟渠，修筑地坪，它们的内在价值将同所使用的土地和劳动成比例，但在现实中，价格却并不总是符合这个比例。如果他想卖掉这个花园，可能无人愿付给他相当于他已经支出的费用的一半。也有可能许多人都想买这个花园，因而他将得到这个花园的内在价值的两倍，即土地的价值和他所支出的费用的两倍。

如果某国农民所种植的谷物比以往多，大大超过了该年消费的需要量，虽然谷物的真实价值等于生产这些谷物所使用的土地和劳动，但由于谷物过于充裕，卖者多于买者，谷物的市场价格必将跌到内在价格或价值以下。如果相反，农民种植的谷物少于所需要的消费量，买者多于卖者，谷物的市场价格将上升到它的内在价值以上。

虽然内在价值永远不会变动，但要想使一国的商品和产品同它们的消费量保持一定比例是不可能的，这就造成了市场价格的逐日变动和永不休止的上下波动。然而，在组织完善的社会中，物品的消费是相当稳定一律的。因而，它们的市场价格不会过于偏离内在价值。如果每年的产量都不过于稀缺或过于充裕，城市法官就能规定诸如面包、肉类等许多物品的市场价格，而不致引起任何怨言。

土地是一切产品和商品的质料，劳动是它们的形式。因为劳动者必须依靠土地产品维持生活，在劳动的价值和土地产品的价值之间，似乎能找到某种关系。这将构成下一章的中心问题。

第十一章　论土地价值和劳动价值之间的关系或平价

上帝似乎并没有有所偏爱地把占有土地的权利赐给这一个人而不是那一个人。最古老的土地所有权是依靠暴力和征服取得的。墨西哥人的土地现在属于西班牙人，耶路撒冷人的土地则被土耳其人所占有。但无论人们通过什么途径取得财产、占有土地，如我们早已指出的那样，土地总是要落入只占居民总数一小部分的少数人手里。

如果大庄园主自己管理庄园，他就得使用奴隶或自由民来耕种土地。如果他拥有很多奴隶，他就得有一个监工来驱使他们劳动。他同时还必须有奴隶工匠来为他和他的仆役提供生活必需品和各种方便；他必须教会其他奴隶各种手艺，以便让他们继续前者的工作。

在这样一种经济制度下，他必须给他的劳动奴隶以生活必需品，并以此养育他们的子女。他必须根据监工的被信任程度和权力的大小，给予他们各种好处。他必须供养那些正在学艺的奴隶，尽管他们在学徒期间还不能带来任何收入。称职的奴隶工匠和他们的监工应比劳动奴隶得到更好的生活待遇，因为失掉一个手工匠比失掉一个普通劳动力损失更大。考虑到训练和培养一个新手工匠以接替一个老手工匠所要付出的代价，庄园主必须对手工匠格外关照些。

根据这个假设，一个最低级成年奴隶的劳动的价值，至少应等于庄园主用于给他提供食物和生活必需品的土地数量加上为把一个孩子抚养到能够劳动的年龄所需的土地数量的两倍。根据杰出的哈利博士的计算与观察，有一半的孩子不到十七岁就夭折了，因而为了让一个孩子活到工作年龄就必须养两个孩子。但是，甚至养两个孩子似乎也不足以保证劳动的连续性，因为所有年龄的成年男子都可能死亡。

确实，在那些十七岁之前夭折的半数孩子中，在出生后第一年死亡者所占的比率最高，因为有三分之一强的孩子死于出生后的第一年。这似乎减少了把一个孩子养活到工作年龄的开销。但是，母亲照看婴儿和病儿要损失许多时间。女儿们即使长大了，在劳动上也不能同男人相比。她们几乎无法养活自己。因此，似乎可以说，为了把两个孩子中的一个抚养成人或养到可以工作的年龄，需要有同养活一个成年奴隶一样多的土地。不论是由庄园主在自己庄园里养活他们，还是把他们送到别处去抚养，不论是由孩子的父亲在家里养活他们，还是把他们送到别的村子抚养，情况都是如此。因此，我的结论是：一个最下等的奴隶的日常劳动，在价值上，等于维持他的生活所需要的土地产品的两倍，而不论庄园主是给他土地，以维持他和他的家庭的生活，还是在自己家里向他和他的家庭提供生活必需品。我不能说这里的计算非常准确。但准确性也并非十分必要，只要极为接近实际就行了。

如果庄园主雇用隶农或自由农耕种土地，他大概会根据当地的习惯使他们生活得比奴隶好一些。然而，在这种情况下，一个自由劳动者的劳动在价值上也应等于他维持生活所需的土地产品的两倍。但是，对于土地所有者来说，使用奴隶比雇用自由农更有利可图，因为如果他供养的奴隶太多，超过了需要，他就可以像卖牲口那样把他们卖掉，并得到与为使这些奴隶长大成人或达到劳动年龄所花费的东西相当的价格，除非这些奴隶的年龄太大或有病。

我们可以用同样的方法来估价奴隶工匠的劳动，他们的劳动在价值上应等于他们所消费的土地产品的两倍。同样，监工的劳动，考虑到给予他们的恩惠与特权，在价值上应高于那些在他们手下工作的人。

当工匠和雇工可以自由支配他们的那两份土地产品时，如果他们已经结婚，他们就会用其中的一份养活自己，用另一份养活他们的子女。如果他们尚未结婚，他们就会拿出一小部分作为结婚的准备，并为今后家庭的用度做点儿储备；但是，他们之中的大多数将把这两份土地产品消费掉，以维持自己的生活。

例如，已婚工人只能满足于吃面包、乳酪和蔬菜等类食物，而很少有机会吃肉，很少喝葡萄酒或啤酒，只有一些破旧的衣服，而且还得穿尽可能长的时间。他必须把自己那两份土地产品的剩余部分用于养育子女。但与此同时，未婚工人却能经常吃肉，穿新衣服；可以把自己的两份土地产品用于满足自己的要求。因此，未婚劳动者自己消费的土地产品是已婚劳动者的两倍。

在这里，我不打算考虑工人妻子的开支。我假定，她的劳动仅能勉强维持自己的生活。结果有人在这些贫困的家庭中发现很多小孩子，我想，那是因为有乐善好施的人在帮助他们维持生活。否则，为了抚养这些孩子，父母自己必须舍弃某些生活必需品。

为了更好地理解这一点，应该看到下述事实，即：如果一个工人仅靠面包和蔬菜为生，只穿麻布衣服和木鞋，按最低估计，他可以依靠一英亩半土地的产品维持生活；但是，如果他允许自己享用葡萄酒、肉食和羊毛衣料，尽管他并不酗酒饕餮，他也要消费掉四至十英亩中等丰度的土地产品。总的看来，欧洲大部分土地都是中等丰度的。为了确定按欧洲的生活方式，一个人每年消费食物、衣物和其他生活必需品所需土地的数量，我已请人作了计算。计算结果可在附录中找到。在欧洲，不同国家养育农民的方式往往是非常不同的。

因此，当我断言一个最下等工人的劳动，在价值上，相当于用来养活他的土地产品的两倍时，我并没有确定土地的数量到底是多少，因为这一数量是依不同国家的不同生活方式而变化的。在法国南方的某些省份，农民用一英亩半土地的产品养活自己，他的劳动的价值大约等于三英亩土地的产品；但是在米德尔塞克斯县，农民通常消费掉五至八英亩土地的产品；因而他的劳动的价值可能两倍于此数。

在伊罗夸伊的农村，居民们不耕种土地而完全靠打猎为生，一个最下等的猎户可能要消费掉五十英亩土地的产品，因为饲养供他每年食用的动物，大概需要这么多土地，尤其是，这些野蛮人不会伐木植草，而听任一切自然发展。因而，可以推断，一个猎户的劳动在价值上等于一百英亩土地的产品。在中国南方各省，由于对农业十分重视，加之土地肥沃从来不用休耕，水稻一年可收获三次，所收获的粮食是所播种的种子的一百倍。在这里劳动的农民几乎不穿衣服，仅仅靠稻米为生，只喝米汤。这里的一英亩土地几乎可以养活十多个农民。因此，中国人口众多是毫不足怪的。从上述例子似乎可以看出，在任何情况下，大自然对于大地是生产野草、树木还是谷物，是大量地还是小量地养育植物、动物和人完全不关心。

欧洲的租地农场主似乎相当于其他国家的奴隶监工，雇用几个帮工的行会师傅则相当于奴隶工匠监工。这些师傅非常了解各行业的帮工一天能做多少工作，往往根据他们的工作量支付报酬。因此，每个帮工出于自己的利益，都竭尽全力地工作而无需更多的监督。

由于欧洲的租地农场主和工匠师傅都是要承担一定风险的业主，他们之中的一些人发了财，得到不只两份的生活维持费，另一些人则亏了本，成了破产者。我在专门研究业主时，对此还要作更为详尽的解释。但是，他们之中的大多数人都能日复一日地养活自己和自己的家庭。他们的劳动或监督工作，可以用三倍于用以养活他们的土地产品来估价。

显然，如果这些租地农场主或行会师傅每人能监督十个农业工人或帮工的劳动，那么，根据自己农场的大小或主顾的多寡，他们就同样能够监督二十个人的劳动，这就造成了他们的劳动或监督工作的价值的不确定性。

通过这些例子和其他同类例子可以看到，一天的劳动的价值同土地的产品有关；任何东西的内在价值都可以用在它的生产中所使用的土地的数量以及劳动的数量来度量；换言之，它的内在价值可以用其产品将被分配给耕种它的人的土地的数量来度量。由于所有土地属于君主和土地所有者，一切具有这种内在价值的东西之所以具有内在价值，仅仅是因为他们作出了牺牲。

货币或硬币可以在交换中确定各种物品的价值的比例，因而是判断土地和劳动之间的平价以及两者在不同国家的相互关系的最可靠尺度。在不同国家，因为分配给劳动者的土地产品数量不同，这一平价也不同。

例如，如果一个人工作一天可挣一盎司银币，另一个人在同一个地方可挣半盎司银币，那么就可以得出结论：前者得到的供自己支配的土地产品比后者多一倍。

威廉·配第爵士在 1685 年写的一篇简短的手稿中，把这个平价或劳动和土地之间的等式看作政治算术中的最重要因素。但是，他就此所做的附带的研究是充满幻想、远离自然规律的。因为他像洛克先生、达文南先生以及其他在他之后就这个题目写过文章的所有英国作者一样，不重视研究原因和原理，而只重视结果。

第十二章　一个国家的所有阶级和个人都是依靠土地所有者维持生活和致富的

除君主和土地所有者之外，任何人都不能独立生活。其他所有阶级和居民不是被雇佣者就是业主。对于这一点的证明和有关细节将在下一章阐述。

如果君主和土地所有者关闭他们的庄园，不让人们耕种他们的土地，显然，任何居民都将得不到食物或衣服。因此，所有的人不仅是靠土地产品供养的（土地是为其所有者的利益而耕种的），而且是靠这些所有者的牺牲才得以为生的，他们所拥有的一切都是从土地所有者的财产中得来的。

租地农场主通常取得土地产品的三分之二。他们把其中的一半用于补偿成本、供养帮工；另一半作为他们自己的经营利润。一般地说，租地农场主用这三分之二的产品直接或间接地供养了所有生活在农村的人，以及一些住在城里的工匠或业主，因为他们的城市商品是在农村消费的。

土地所有者通常取得土地产品的另外三分之一。他用这三分之一不仅往往供养了那些把土地产品从乡下运到城里的脚夫，而且供养了他在城里雇用的所有工匠和其他人。

据一般的推算，一国之中往往有一半居民住在城里，一半居民住在乡下。根据这个假定可以推断，拥有土地产品三分之二或六分之四的租地农场主通常把六分之一的土地产品直接或间接地支付给城市居民，以换取他们的货物。这个六分之一再加上土地所有者在城市用掉的三分之一或六分之二就构成了六分之三，或者说构成了全部土地产品的一半。这个计算结果只能给出一个有关比例的大致概念。实际上，如果有一半居民住在城市里，他们将消耗掉一半以上的土地产品，因为他们的生活比住在农村的人要过得好些，土地产品要消耗得多一些。他们都是土地所有者的工匠、扈从，因而生活比租地农场主的帮工或扈从要过得好一些。

但是，不管怎样，如果我们考察一个居民赖以生存的生活资料，经过一番溯本推源之后，我们总是发现，这些生活资料不是来自租地农场主保留的三分之二，就是来自剩给地主的那三分之一，总之是来自土地所有者的土地。

如果土地所有者只有仅够租给一个租地农场主的一块土地，依靠这块土地，这个租地农场主将过上比他更好的生活；但是住在城里的贵族和大地主往往拥有成百的租地农场主，而且他们的人数在全国居民总数中又只占一个很小的比例。

确实，在城市里常常还住着一些靠对外贸易，从而靠外国地主为生的业主和工匠。但目前我仅仅考虑一个国家自己的产品和产业，以免因涉及偶然因素而使论证复杂化。

土地属于土地所有者，但如果不耕种，土地对他们就没有用处。在其他因素相同的情况下，在土地上所耗费的劳动愈多，土地的产品就愈多。在其他因素相同的情况下，土地产品所费的劳动愈多，像商品那样，它们的价值就愈高。因此，土地所有者对居民的依赖程度不亚于居民对土地所有者的依赖程度。但在这样一种经济制度中，有权处置和支配地产资本的是土地所有者，是他们推动着整个经济，使之向最有利的方向发展。国家的一切尤其依赖于土地所有者的生活爱好、方法和方式，关于这一点，我将在本书后一部分尽力讲解清楚。

生活所需的和必需的物品使租地农场主、各类工匠、商人、军官、士兵、水手、仆役和其他所有从事劳动的或被雇用的阶级得以生存。所有这些劳动人民不仅为君主和土地所有者服务，而且还彼此服务，因而他们之中的许多人并不直接为土地所有者工作。所以不能说他们是靠这些土地所有者的资本为生，或靠这些土地所有者养活的。至于那些从事某种不甚重要的专业的人，如舞蹈演员、演员、画家、音乐家等等，国家之所以供养他们，只不过是为了给人们增添快乐，或把他们当作一种装饰品。而且，同其他居民相比，他们的数目永远只占人口中的一小部分。

第十三章　在欧洲，货物和商品的流通和交换以及它们的生产是由业主进行的，而且还须冒风险

租地农场主是这样的业主：他因租用农场或土地而许诺向土地所有者交纳一笔固定的货币（通常假定其价值等于土地产品的三分之一），但却不能保证自己将从这一事业中得到利润。他根据自己的判断，把一部分土地用于饲养牲畜、生产谷物、酒、干草等等，但却不能预断其中哪一种产品将能给他带来最高的报酬。这些产品的价格部分地取决于气候，部分地取决于需求；如果谷物相对于消费十分充裕，它的价格就将极为便宜，如果谷物稀缺，它的价格就将昂贵。谁能预先知道一国在一年内出生和死亡的人数呢？谁能预先知道各个家庭的支出将会增加还是减少呢？然而，

租地农场主产品的价格必然取决于这些不可预测的情况，因而他是在不确定性中经营他的农场的。

城市消费一半以上的租地农场主的产品。后者把产品运到城市或附近的市集出售；或许也有一小部分人因开办贩运货物的业务而成为运货人。他们保证按当天的市价，为租地农场主的产品支付一个固定的价格，以便在城里得到一个虽然不确定但却能抵偿运费，并给自己留下一份利润的价格。但是，由于城里产品价格的波动（虽然它们的波动并不显著），他们的利润是不确定的。

把乡下的产品运到城市的业主或商人不能待在城里以零售的方式出售这些产品，尽管它们是一点一点地被消费掉的。城市家庭不会一下子买进他们可能需要的全部产品，从而加重自己的负担；每个家庭的成员或消费量都会增加或减少，至少，他们对于将要消费的产品的选择是会发生变化的。葡萄酒差不多是一个家庭所要贮存的唯一消费品。在任何情况下，市民的大多数是靠逐日的收入维持生活的，但他们又是数量最大的消费者。他们是无力贮存乡间产品的。

因此，许多人在城里做起生意，成了商人或业主。他们从把产品运来的那些人手中购买乡间产品，或要求后者为他们把产品运来。他们根据成交场所通行的价格，为产品支付一定价格，然后再以批发或零售的方式，按不确定的价格把这些产品转卖出去。

这类业主包括羊毛和谷物批发商、面包师、屠户、各类制造商和商人，他们买进乡间产品和原料进行加工，然后再按居民的需要逐渐将它们转卖出去。

这些业主永远不知道，在他们的城市里，需求将会有多大，也不知道他们的主顾的光顾将会维持多长时间,因为他们的对手会千方百计地同他们争夺主顾。所有这一切,在这些业主中间造成了极大的不确定性,因而在他们之中每天都有人陷于破产。

制造商通过商人,或直接从租地农场主手里购买羊毛,但他却无法预料当他把毛料卖给成衣商时将会得到多少利润。如果后者的生意不兴隆,他就不会大量购买制造商的毛料,特别是,如果这些料子已不再时兴的话。

布商是这样的业主:他按某一确定的价格从制造商那里购买布匹和毛料,然后再以不确定的价格将它们卖出去。这是因为他无法预知需求的大小。当然,他可以确定一个价格,并坚持非此不卖,但如他的主顾转而从别处购买较便宜的布匹和毛料,他在待价而沽的同时就会坐吃山空,同出售产品但得不到利润的情况相比,他将以同样快或更快的速度陷于破产。

商店店主和各种零售商是这样的业主:他们按某一确定的价格购买,但却以不确定的价格在自己的商店或市场出卖。使一国中的这些业主得到鼓励并能够维持下去的原因是,他们的主顾宁可多花一些钱以便随时少量地买进他们所需要的物品,而不愿意购买大批商品贮存起来;而且,他们之中的大多数人也没有财力直接购买这样一大批商品并把它们贮存起来。

所有这些业主对其他人来说都是消费者和主顾,例如布商是酒商的消费者和主顾,反之亦然。在一国之中,业主的数量同他们的主顾或消费量成比例。如果在一个城市里或街道上,相对于买帽子的人来说,帽商太多,一些顾客惠顾最少的帽商必然会破产;如果帽商太少,它就会变成一项有利可图的行业,这将鼓励新帽商到那里开铺子。所有种类的业主都是这样根据一国之中的风险来调整自己的营业的。

所有其他业主，诸如掌管矿山、剧院和建筑等的业主、通过海路和陆路经商的商人等、菜馆主、糕点店主、客栈店主等，以及那些依赖自己的劳动、无需资本也能营业的业主，诸如做短工的工匠、铜匠、缝纫女工、扫烟囱工人、运水伕等，都生活在不确定性中，都在根据主顾的多寡来调整自己的人数。诸如鞋匠、裁缝、木匠、假发匠等手艺师傅都根据手头工作的多寡来雇用帮工。他们也生活在同样的不确定性中，因为他们的主顾说不定会在哪一段时间里把他们抛弃。那些在艺术和科学领域靠自身劳动为生的业主，如画家、医生、律师等也生活在不确定性中。如果一个律师或高等法院律师通过为当事人服务或开业，每年赚五千英镑，而另一个只赚五百英镑，则可认为，他们从雇主那里得到的工资是极不确定的。

或许，人们会说，业主们总是企图在营业中尽量捞取好处并欺骗他们的主顾，但这个问题已超出了我的考察范围。

通过所有这些归纳，以及在一个有关一国全部居民的讨论中所能作出的其他许多归纳，可以得出这样一条原理，即除君主和土地所有者以外，一国中的所有居民都是不独立的；他们可以被分成两个阶级：业主和受雇者；所有业主似乎都是靠不固定的工资为生的，而其他人在能得到工资的情况下则是靠固定工资为生的，尽管他们的工作和地位可能非常不同。领取薪金的将军，领取津贴的朝臣和领取工资的家庭仆役都属于这个阶级。其他所有人都是业主，而不论他们是拥有资本能够独立营业的业主，还是没有资本仅靠自身劳动为生的业主。可以认为，他们都生活在不确定性中。

甚至乞丐和强盗也属于这一业主阶级。最后，一国的所有居民都靠土地所有者的财产为生并从中得到好处，他们都是不独立的。

然而，如果某个拥有高工资的人或某个大业主节约了资本或财富，这就是说，如果他贮存了谷物、羊毛、铜、黄金、白银或某些具有内在的(或真正的)价值，在一国内经常使用或有销路的产品或商品，那么，在这一资本依然存在的情况下，他就有理由被看作是独立的。他可以运用这一资本来获得抵押品，或从土地和以土地为担保的公共贷款中取得利息。他可以过上比小土地所有者更好的生活，甚至可以从他们之中的某些人那里购买财产。

但是，产品和商品，甚至黄金和白银，同拥有土地相比，远为容易因受不测事件的影响而遭受损失。不管人们以什么方式取得或节约资本，它们永远是通过领取或节约用以维持生活的工资，从真正所有者的土地上得到的。

在一个大国中，货币所有者的数目往往极为可观。虽然在该国流通的所有货币的价值，几乎还不超过从土地上得到的产品的价值的九分之一或十分之一，但由于货币所有者贷出了大量货币，并以取得抵押品或该国产品和商品的形式获得利息，应偿还给他们的货币数目通常超过该国的货币总数。他们往往变成一个极为强大的团体，在某些情况下，甚至能够同土地所有者相抗衡，如果后者并非往往本身就是货币所有者，如果不是巨额货币所有者总是想让自己也变成土地所有者的话。

然而，下述说法永远是真实的，即所有获得的或节约的货币统统来自真正所有者的土地。但是，由于在一个国家里，他们之中的许多人每天都在破产，其他得到土地财产的人便取代了他们的位置。土地所有权所赋予的独立性只适用于那些继续占有土地的人。由于一切土地永远有一个真正的主人或所有者，我一直假定，一国的所有居民都是从他们的财产中获得生活资料和自己的全部财产的。如果这些所有者打算仅以地租为生，那将是不成问题的。但在这种情况下，对于其他居民来说，靠他们的开支使自己富有起来就变得困难得多了。

因而，我将提出下述原理：即在一国中，只有土地所有者是天然独立的；所有其他阶级，不论是业主还是受雇者都是不独立的，一国中的所有交换与流通都是以这些业主为中介而进行的。

第十四章　君主的特别是地主的爱好、时尚和生活方式决定一国中土地的使用并造成一切物品的市场价格的变化

如果一个大庄园主自己耕种土地（我希望在这里假设，在这个世界上，仿佛并没有其他庄园），他将根据自己的爱好决定土地的使用。一、他必将用一部分土地生产谷物，以便养活农业工人、工匠和为他工作的监工，他还将根据自己为他们所确定的生活方式，用另一部分土地来饲养为给他们提供衣服、食物和其他物品所必需的牛羊和其他牲畜。二、他将按照自己的意愿把部分土地变为公园、花园、果园和葡萄园，变为饲养他用于娱乐的马匹的牧场等等。

现在让我们假设：为了避免过多的操劳和麻烦，他同农业工人的监工达成交易，把农场和一部分土地交给他们，让他们承担按通

常的方式供养他们所监督的一切农业工人的责任。这样，监工便成了租地农场主或业主。他们把另外三分之一的土地产品给予在土地或农场上工作的农业工人，以便使他们享有一如受雇于土地所有者时所享有的食物、衣物和其他必需品。我们进一步假设：土地所有者同手工匠监工达成协议，向他们提供食物和衣物；他使这些监工成了手工匠师傅；他选定了像白银这样的共同尺度，以确定租地农场主向他们提供羊毛以及他们向他提供毛料的价格；这种价格将使手工匠师傅得到像从前一样多的好处和快乐，与此同时，监工和手工匠帮工的处境也依然如故；手工匠的劳动将按天或按件计酬；他们把生产的商品、帽子、袜子、鞋子、衣服等卖给土地所有者、租地农场主、工人和其他手工匠，互惠的价格使他们所有人都能保留像从前一样多的好处；租地农场主将以相应的价格出售他们的产品和原料。

因此，可以说监工变成了业主，他们将成为在他们手下工作的那些人的绝对的主人，他们在为自己的利益工作时将会更为尽心尽力，并能从中得到更大的满足。因而，我们假设，在发生了这种变化之后，在这个大庄园中的所有人都将生活得像从前一样，这个大庄园的一切部分和各农场都将像从前那样得到利用。

如果某些租地农场主比从前多播种了谷物，他们就必须少喂羊只，就只能拿较少的羊毛和羊肉去卖。于是，对于居民的消费来说，谷物就将太多，羊毛就将太少。因此羊毛将会涨价，这将迫使居民把衣服穿得比通常更久一些。谷物太多，将为下一年存下余粮。正如我们所假设的，土地所有者已规定租地农场主要以银币的形式把应付给他的三分之一的农场产品支付给他，那些拥有过多谷物、过少羊毛的租地农场主将无力向他交纳地租。如果土地所有者原谅了他们，他们就会留意在来年少种谷物、多产羊毛，因为租地农场主总是留意把土地用于生产那些他们认为最有希望在市场上卖得高价的东西。但是，如果在第二年，相对于需求，他们得到的羊毛过多、谷物过少，他们将会不失时机地调整以后各年土地的利用状况，直至他们的生产同居民的消费适应得相当好为止。因而，一个已使自己的生产同消费大体相适应的租地农场主将用他的部分农场种草以便收获饲草，用另一部分生产谷物、羊毛等等，除非发现需求有很大变化，他是不会改变计划的。但在这个例子里，我们假设，所有人的生活方式同土地所有者自己耕种土地时一样，因此，租地农场主将把土地用于与从前相同的目的上。

可能发生的需求变化，主要是由支配着三分之一土地产品的土地所有者造成的。工人和手工匠依靠逐日的收入生活，他们只有在万不得已的情况下才会改变自己的生活方式。如果少数租地农场主、手工匠师傅或其他业主在景况宽裕时改变他们的支出和消费，他们总是以贵族和土地所有者为榜样的。他们仿效后者的衣着、饮食和生活方式。如果土地所有者乐于穿戴精致的亚麻、丝绸或花边，对这些商品的需求量就会超过这些所有者自己对它们的需求量。

如果一个已把所有土地出租的贵族或土地所有者忽然想大大改变自己的生活方式；如果，例如，他想减少他的家庭仆役数目而增加他的马匹数目，那么，不仅他的一部分仆人将被迫离开上述庄园，而且，与之成比例的、为养活他们而工作的一部分工匠和工人也将被迫离去。本来用于养活这些居民的一部分土地将被改成草场以饲养新的马匹。如果该国的所有土地所有者都照此办理,他们将很快地增加马匹的数目而减少人的数目。

如果一个土地所有者遣散了许多家庭仆役而增加了他的马匹数目,对于居民的需求而言,谷物就会变得太多,于是,谷物将会降价而干草将会涨价。因此,租地农场主将根据需求,扩大草场而减少谷物。土地所有者的爱好和时尚就是这样地决定了土地的使用和需求的变化,而后者又导致了市场价格的变动。如果一国的所有土地所有者都自己耕种自己的庄园,他们将利用这些庄园去生产他们所需要的东西。因为需求的变动主要是由他们的生活方式引起的,他们在市场上提供的价格决定了租地农场主在雇工和土地使用方面所作出的一切变化。

为了不使问题复杂化,在这里我不考虑可能由于某年收成的好坏所造成的市场价格的变动,或可能由于外国军队或其他不测事件所造成的反常的消费。我只考虑处于自然的和始终不变的状态中的一个国家。

第十五章 一个国家人口数量的增减主要取决于土地所有者的趣味、时尚和生活方式

经验证明,树木、花草和其他植物可以增加到任何数目,只要有足够的土地供它们生长。

同样的经验证明,各种动物也可以增加到任何数目,只要有足够的土地饲养它们。马匹和牛羊的数目能够很容易地增加到土地所能养育的限度。正如在米兰那样,通过灌溉可以改良充当牧场

的土地。饲草可以节约，牲畜可以在畜栏中喂养，同在原野上放牧相比，用这种方法可以增加饲养的牲畜头数。正如在英国那样，可以用芜菁养羊，用这种方法，一英亩土地可以比在把它当作牧场时为牲畜提供更多的营养。简言之，我们可以大量增加各类牲畜的数目。如果我们能够找到无限多的适于饲养牲畜的土地，我们甚至能够把它们的数目增加到无限。除了用以饲养它们的资料是否充分之外，牲畜的增加不受任何其他限制。毋庸置疑：如果所有土地都用于为人提供简单的食物，那么，人类的数目就将以某种方式增加到土地所能供养的那个限度。这种方式下面将加以解释。

世界上没有任何一个国家的人口像中国那样多。中国老百姓靠稻米和米汤为生；他们劳动时几乎赤身裸体；由于对农业极为重视，在南方，他们每年能获得三次水稻大丰收。他们的土地从不休耕，年产量是种子的一百倍。那些穿衣服的人一般只穿棉布衣服。生产棉花只需要很少的土地，一英亩土地生产的棉花似乎足够做五百个成年人的衣服。根据中国的宗教原则，他们必须结婚，只要负担得起就必须养活尽可能多的子女。他们把占用土地修建赏心悦目的花园或公园视为犯罪行为，认为这样做是在剥夺公众的生计。他们用轿子抬游客，凡能由人完成的工作，他们就不使用马匹。如果《航海的故事》可信的话，他们的数目简直多得令人难以相信。但是当他们认为自己不能把孩子养大时，他们不得不把许多孩子杀死在襁褓中，以便把孩子的数目保持在他们所能供养的水平上。依靠艰苦的不知疲倦的劳动，他们从江河中索取了极多的鱼，从土地上索取了可能得到的一切。

然而一遇灾年，尽管有皇帝的关怀（他储存了稻米以应付这类

紧急情况),成千上万的人还是要陷于饥荒。尽管中国人口众多,他们的数目必然同他们的生活资料成比例,而不会超过该国按照他们的生活水平所能供养的数目。由此看来,在中国,一英亩土地将养活他们之中的许多人。

另一方面,世界上没有任何一个国家的人口,像美洲腹地中的野蛮人那样增长得这么少。他们忽视农业,住在森林里,靠在那里找到的野兽为生。由于森林破坏了大地的甜汁与坚果,因而很难为动物找到牧场。一个印第安人一年要吃掉好几只动物,所以五十英亩或一百英亩土地仅仅能为一个印第安人提供足够的食物。

这些印第安人的一个小部落就要占据一块四十平方英里的土地作为猎场。他们为争夺这些猎场,不断进行激烈的战争。他们的人口数目始终同他们通过狩猎而得到的生活资料成比例。

欧洲人开垦土地并种植谷物以维持生活。他们饲养羊只,用羊毛做衣料。其中大多数人食用的谷物是小麦,但也有些农民用黑麦做面包。北方的农民则用大麦和燕麦做面包。在欧洲的不同国家中,农民和人民的食品并不完全相同,而且土地的质量和丰度也往往不同。

佛兰德的大部分土地和伦巴第的部分土地都得到了利用,它们的产量是种子的十八倍到二十倍;那不勒斯的坎帕纳的产量甚至更高。在法国、英国和德国的一小部分地区,产量也能达到这么高。西塞罗告诉我们,在他那个时候,西西里土地的产量是种子的十倍。老普利尼则说,在西西里的莱昂廷,土地的产量是种子的一百倍;在巴比伦是一百五十倍;在非洲的某些土地上,产量甚至还要高得多。

目前，欧洲土地的平均产量为种子的六倍。因此，相当于种子五倍的产量是留给人民消费的。土地通常每三年休耕一次，第一年种小麦，第二年种大麦。

在附录中可找到关于养活一个人需要多少土地的不同估计数字。这些数字是根据有关一个人的生活方式的不同假设得出的。如果这个人靠面包、大蒜和块根植物为生；如果他只穿麻外套、粗麻内衣、树皮鞋；如果他像法国南部的许多农民那样，只喝水而不饮酒；那么，只要有一英亩中等质量的土地（它可获得六倍于种子的收成，每三年休耕一次），就可以养活他了。另一方面，如果他是一个成年人，他要穿毛衣、皮鞋和袜子；要占据一间房屋；要有换洗的内衣、一张床、几把椅子和一张桌子以及其他生活必需品；如果他要适量地喝些啤酒或葡萄酒；每天要充分但有节制地吃些肉食、奶油、乳酪、面包和蔬菜等等；为了满足所有这些要求，他就需要四至五英亩中等质量的土地的产品。确实，在这些估计中，除了用于犁地和把产品运到十英里外的地方的马匹外，完全没有考虑为给其他马匹提供饲料所需的土地。

根据历史记载，最早的罗马人靠两 journaux 土地养活他的家庭。两 journaux 土地相当于一巴黎英亩又三百三十平方英尺左右。他们差不多是裸体的，既不喝酒也不用油；睡在稻草里，生活几乎无舒适可言。但是他们勤劳地耕作土地（罗马周围的土地的质量是相当好的），从这些土地上得到了丰富的谷物和蔬菜。

如果土地所有者想增加人口数量，如果他们保证给农民提供生活必需品，鼓励农民及早结婚，多多生儿育女，并把全部土地用于这一目的，他们无疑能够使人口增加到土地所能供养的限度。

根据他们分配给每个人的土地产品的数量，供养一个人所需的土地可能是一英亩半，也可能是四到五英亩。

但是，如果君主和土地所有者不想把土地用于增殖人口，而想把它用于其他目的；如果他们通过操纵产品和商品的市场价格，驱使租地农场主把土地用于养育人口之外的其他目的（我们已经看到，他们通过改变在市场上的出价以及自己的消费就像自己在耕种土地那样有效地决定着土地的使用状况），人口数目必将减少。一些人由于找不到工作被迫背井离乡，另外一些人由于无法养活子女，只好不结婚或推迟婚期，直到小有积蓄，可以供养家庭时再结婚。

如果住在农村的土地所有者离开他们的土地，搬到遥远的城市去住，他们就必须饲养足够的马匹，以便为他们、他们的仆役、工匠以及其他因他们住在城里而被吸引到那里去的人运送食品。

把葡萄酒从勃艮第送到巴黎的费用往往高于酒本身在勃艮第的成本。因此，用于供养驭马和养马人的土地比用于生产酒和供养产酒者的土地更多。一国所饲养的马匹愈多，留给人吃的食物就愈少。饲养驭马、猪犬或战马往往要占用三四英亩土地。

如果贵族和土地所有者购买外国造的衣料、绸缎、花边，并输出本国的产品来支付这些进口产品，他们就大大减少了本国人民的食物，大大增加了外国人的食物，而这些外国人又往往会变成这个国家的敌人。

如果波兰的一个土地所有者或贵族喜欢使用荷兰的布料、亚麻布等等，他在收到租地农场主每年交纳的相当于土地产品三分之一的租金后，就要用这些地租的一半来支付这些产品。他多半还要用另一半地租来购买其他波兰产品和粗制品以维持自己的家庭。但是，根据我们的假设，他的半数租金相当于他的土地产品的六分之一，这六分之一将被荷兰人取走，它是由波兰租地农场主以谷物、大麻和其他产品的形式交给荷兰人的。波兰土地产品的六分之一就这样从她的人民那里流走了。这里还没有计算按照波兰贵族的生活方式饲养负重的马匹、拉车的马匹和战马所消耗的土地产品。不仅如此，如果租地农场主也仿效贵族消费外国制造品，他们就要用三分之二土地产品中的一部分来支付进口商品。这样，就要从人民的食物中减去不只三分之一的波兰土地产品。更糟糕的是，这些产品中的大多数被运到外国人那里，而且往往被利用来供养国家的敌人。如果波兰的土地所有者和贵族只消费本国的制造品，这些制造品尽管最初可能质量不佳，但它们很快就会有所改进；这将使他们国家的一大批人找到工作做，而不是把这种好处让给外国人。如果所有的国家都有这样的警惕性，不在商业问题上受其他国家的欺骗，各个国家的强盛程度就完全取决于它的产品的多寡以及它的人民的勤劳程度。

如果巴黎的淑女们喜欢戴布鲁塞尔花边，如果法国人用香槟酒支付这种花边，那么，如果我的计算正确的话，为了购买一英亩土地亚麻产品，就要支付一万六千英亩葡萄地的产品。关于这一点，我将在别处作更充分的解释，有关数字可以在附录中找到。这里只需指出，在这笔交易中，大批原来用于维持法国人生活的土地产品流走了。除非通过交换使同样多的一批产品被送回法国，所有这些被输送到外国的产品都会起减少该国人口数目的作用。

当我说土地所有者可以在土地所能供养的限度内使人口增加

时，我假定大多数人在他们认为自己可以负担一个生活令自己满意的家庭时，是非常乐于结婚的。这就是说，如果一个人满足于消费一英亩半土地产品的生活水平，当他确信自己能够以这一标准供养一个家庭时，他就会结婚。但是，如果只有五英亩到十英亩土地产品才能使他满意，除非他确信自己能够以这一标准供养一个家庭，否则他是不会急于结婚的。

在欧洲，贵族家庭的孩子都是在富裕环境中长大的；由于大部分财产通常由长子继承，其他子嗣并不急于结婚。他们往往在军队或修道院过单身汉生活。但是，如果他们得到了继承权和财产，或者得到了一份他们认为能使自己有一个像样的家庭的收入（否则他们就会认为自己给子女带来了不幸），他们之中将很少有谁不愿意结婚。

在一个国家的较下等阶级中，也有这样一些人，他们出于骄傲，出于与贵族的考虑相同的理由，宁愿过独身生活，以便把自己的微薄财产用在自己身上而不愿过家庭生活。但是，如果他们相信自己能如所希望的那样维持自己的家庭，他们之中的大多数将十分乐于建立这样一个家庭。如果他们把孩子抚养成人只不过是为了让他们落入一个更为卑贱的阶级，他们就会认为自己做了对不起孩子们的事。在一个国家中，只有一小部分人纯粹由于胆怯而逃避结婚。所有处于较低等级的人都希望生活下去，都希望生儿育女，让他们过上像自己那样的生活。如果某些工人和工匠不结婚，那只不过是为了等待机会。在这段时间里，他们或是要积蓄一些足以建立家庭的东西；或是要找一个能带来一点财产的合意女子，以便帮助他建立这个家庭，因为他们每天都可以看到一些与他们类似的人，由于缺乏这类准备过早地成了家，不得不省下自己的食物去养活子女，结果陷入了最可怕的贫困境地。

根据哈利先生的考察，在西里西亚的布雷斯劳，在十六岁到四十五岁的所有育龄妇女中，每年生一个孩子的妇女在每六个人中实际上不到一个人。哈利先生指出，如果除去那些不育的或生死胎的妇女不算，按道理至少应有四到六个妇女每年生一个孩子。现在之所以并非每六个妇女中有四人每年生一个孩子，是因为生活的艰难坎坷使她们望而生畏以致不敢结婚。一个年轻女子在没有结婚之前是不希望做母亲的。如果她找不到一个准备冒险一试的男子，她就无法结婚。一个国家里的大多数人不是受雇用者就是业主。大多数人不论是通过自己的劳动，还是通过自己的营业找到了按自己的希望供养家庭的办法，他们都是不独立的，并且生活在不确定性中。因此，他们并不全都结婚，或结婚很晚，以致在每六个（或至少每四个）每年应该生一个孩子的妇女中，实际上只有六分之一的人做了母亲。

如果土地所有者帮助农民养家糊口，那么只需一代人的光景，就可以使人口增加到土地产品可以为其提供生活资料的极限。孩子们不需要成年人那么多的产品。成人和孩子都可以按照各自的消费水平，靠多一些或少一些的产品为生。众所周知，北方的土地贫瘠，北方人赖以为生的产品太少，他们便派遣殖民者和军队侵入南方，杀戮南方居民，掠夺他们的土地。由于生活方式不同，通常只能养活十万人的土地产品，可以用来养活四十万人。一个靠一英亩半土地产品维持生活的人可能比另一个靠五英亩或十英亩土地产品维持生活的人更健壮。因此，看来很清楚，一个国家的居民人数取决于分配给他们的用来维持生活的资料。因为这种生活资料决定于耕种土地的方法,而这种方法又主要取决于土地所有者的趣味、兴致和生活方式,所以,人口的增减也是建立在这同一基础之上的。

如果某个国家的人民满足于过最贫困的生活,消费最少的土地产品,这个国家的人口就可以进一步增加。如果某个国家的农民和工人习惯于吃肉食,喝葡萄酒、啤酒等等,这个国家就不能养活更多的居民。

威廉·配第爵士和继他之后的英国海关监察官达文南先生试图估计人类从他们的第一个父亲亚当以来的种族繁衍情况,他们这样做看来是违背自然的。他们的计算看来纯粹出于想象,其结果是胡乱得出的。根据他们所看到的某些地区的实际出生率,他们怎么能够解释在过去人口众多的亚洲、埃及等地,甚至在欧洲,人口下降的原因呢?如果在十七个世纪以前,意大利有两千六百万人口,而现在它的人口减到最多只有六百万,他们怎么能够按照金先生的那种级数断定,目前有五六百万居民的英国,在若干年之后其人口大约将达到一千三百万呢?我们每天都看到,一般英国人所消费的土地产品比他们的父辈多,而这正是英国居民比过去少的真正原因。

如果人类拥有无限的生活资料,他们就会像仓廪里的老鼠那样迅速地繁殖起来;居住在殖民地的英国人口,在三代之内增加的倍数将比他们在英格兰过上三十代还要多;因为在殖民地,在把当地的野蛮人赶走之后,他们发现了可以耕种的新土地。

在所有国家和一切时代,人们都在进行争夺土地和生活资料的战争。如果战争毁灭或减少了某个国家的人口，在和平时期，野蛮人或文明民族将使之迅速恢复。如果君主贵族和土地所有者对此予以鼓励，情况就将更是如此。

一个征服了许多国外省份的国家，通过强加于战败者的贡赋，可以增加本国人民的生活资料。罗马人曾从埃及、西西里和非洲取得大量生活资料，这正是当时意大利人口众多的原因。

一个国家如果发现了矿藏；拥有制造业，因而无需把许多土地产品运到外国，以交换大量商品和土地产品；这个国家就能得到维持其臣民生活的更多基金。

荷兰人主要以他们在航运、捕鱼和制造业上的劳动交换外国人的土地产品。否则，荷兰连它的人口的一半都养活不起。英国人从国外购买大量木材、大麻和其他原材料或土地产品；他们还消费大量葡萄酒，对此，他们是用矿产品和制造品支付的，这样就使英国节约了大批土地产品。如果没有这些有利条件，以它的生活费用来看，英国就不会有像现在这么多的人口。煤矿使他们节约了数百万英亩土地，否则就要用这些土地来种植树木。

但是，所有这些有利条件只不过是我偶然提及的一些经过加工的特例。使一国人口增加的自然而持久的方法是使本国人民有工作做，让土地为他们的生活资料的生产服务。此外，下述问题，即拥有众多的人口，但他们却生活贫困、不得温饱好一些，还是拥有较少人口，但使他们的生活舒适得多好一些，换言之，拥有每人消费六英亩土地产品的一百万居民好一些，还是拥有每人消费一英亩土地产品的四百万居民好一些，也是一个不在我讨论范围之内的问题。

第十六章　一国的劳动愈多，该国就愈自然地被尊奉为富有

附录中所做的一长串计算显示，二十五个成年人的劳动完全可以养活另外一百个成年人，即根据欧洲人的生活水平，给他们提供一切生活必需品。确实，在这些估计里，食物、衣服、住房等等都是粗糙的，甚至相当原始，但人们的生活算得上舒适、充裕。可以假定，一国三分之一强的人口不是太年轻就是太年老，因而无法从事日常劳动。此外还有六分之一的人口是土地所有者、病人或各种并不通过自己双手的直接劳动为人类的各种需要作出贡献的业主。这样，一国之中就有一半人口不从事劳动，或至少不从事前文所说的那种劳动。因此，如果二十五个人承担起养活一百个人所需的全部工作，那么，在这一百个人里就还有二十五个人虽有劳动能力但却无事可做。

兵士，富人的家庭仆役将构成这二十五个人中的一部分，如果这二十五个人中的其他人都在从事某种旨在使生活必需品完善化的附加的劳动，例如制作精美的亚麻制品和棉织品等等，那么，尽管这部分劳动并不增加维持人的生活所必需的那些东西的数量，该国也必将同这部分增加的劳动成比例地富起来。

劳动给食物和酒增添了新的味道。做工精细的刀叉比那些粗制滥造的刀叉更受人珍重。对房屋、床铺、桌子以及使生活舒适所需的任何东西来说也同样如此。

确实，一国人民是习惯于穿粗糙的还是考究的衣服（假如两者

可以穿同样长的时间)，是习惯于吃精美的还是粗劣的食物(假如他们都有足够的食物而且身体健康)，对一个国家来说并没有什么两样，因为酒、食物、衣服等，不管是精制的，还是粗糙的，同样地被消费掉了，这类财富在该国已不复存在。

但下述说法总是对的，即拥有精制的棉织品和亚麻制品和味道鲜美的食品的国家，比这类东西不甚考究的那些国家更富有、更受人尊敬；甚至这种说法也总是对的，即，如果在一个国家里，人们可以看到较多的人按上述第一种方式生活，那么这个国家就将比那些按此种方式生活的人较少的国家更受尊敬。

但如在我们所说的这一百人中有二十五个人被用于生产永久性产品，即用于从矿井中采掘铁、铅、锡、铜等等，并把它们加工成供人使用的工具和器具，制成碗、碟以及其他远比陶器耐用的物品，那么，这个国家就不仅在表面上而且在事实上也是富庶的。如果这些人从事从地下采掘黄金和白银，情况就更是如此。因为这类金属不仅耐用而且可以说是永久性的，即使烈火也不能把它们毁掉。它们是普遍接受的价值尺度，永远可以用来交换任何生活必需品；如果这些居民以自己所生产并输往国外的产品和制造品作为交换，把金银吸引到自己的国家，那么，他们的劳动就将是同等有益的，并将在实际上改善自己的国家。

决定国家相对强弱的关键似乎是这些国家在每年消费后所余的储备，例如棉布、亚麻、谷物等的库存，国家要靠这些东西应付灾年和战争。因为永远可以用黄金和白银从外国甚至从敌国买到这些东西，所以黄金和白银是国家的真正储备，这类储备的实际数量的多寡必然地决定了一个王国或国家的相对强弱。

如果某国习惯于通过输出它的商品和产品,例如谷物、酒、羊毛等,从国外吸引黄金和白银,它必将使该国变富,但要以人口的减少为代价。如果黄金和白银是靠人民的劳动,即包含很少土地产物的制造品和其他物品从国外吸引来的,它就将以一种有益的和实质性的方法使该国变富。诚然,在一个大国里,我们提到过的一百人中的那二十五个人,不能都从事生产供外国人消费的产品。例如,一百万人生产的衣料将超过整个商业世界的年消费量,因为在每个国家里,更多的人总是穿用本国原料制造的衣服。在任何一个国家都很难看到有十万个人在为外国人生产衣服。在附录中可以看到有关英国的例子,在欧洲所有国家中,英国向外国人提供的衣料最多。

要想增加本国制造品在国外的消费量,就必须通过在国内的大量消费使它们的质量得到改善并使之具有更大价值。减少一切外国制造品的流入,给国内居民提供充足的就业机会是非常必要的。

如果无法为一百个人中的这二十五个人找到对国家有用和有利的工作,我看不出有什么理由要反对鼓励他们从事某些纯属装饰性和娱乐性的工作。不能因为一个国家拥有一千个供女士们甚至男人们梳妆打扮用的或用于游乐的玩具而不是拥有有用的和耐用的物品,就认为这个国家不那么富有了。据说,在科林思被困期间,戴奥吉尼斯放倒一个水桶来滚,以表示别人都在工作时他也没闲着。在今天的社会上,许多男女的工作就像戴奥吉尼斯的工作那样对国家毫无用处。然而,无论一个人的劳动所能给国家提供的装饰甚至娱乐是多么少,只要这个人无法找到有用的工作,就应该鼓励他这样做。

人们的不同职业以及他们所创始的不同劳动是否将得到提倡或受到阻碍，永远取决于土地所有者的灵感。

为朝臣们所仿效的君主的榜样通常能够决定其他土地所有者的意旨和趣味。而后者的榜样又必然影响到所有较低的等级。因而，一个君主无疑能够以自己的榜样随心所欲地使他的臣民的劳动发生变化。

如果一国中的每个土地所有者只拥有通常只能租给一个租地农场主的一小片土地，这个国家就很难有任何城市。如果每个土地所有者都雇用靠他的土地供养的居民进行某种有用的工作，人口就会增多，国家就会非常富庶。

但是，如果贵族占据了大量地产，他们就必然会变得奢侈和懒惰。如果这个国家能够维持持久和平，那么，到底是由某个管辖一百个僧侣的长老依靠许多上等庄园的产物为生，还是由某个拥有五十个仆役和许多专为他服务的马匹的贵族占据这些庄园，对这个国家来说是没有差别的。

但是，在战时拥有扈从和马匹的贵族对国家是有用的。在和平时期，他在巡回、审判和维持国家秩序方面也总是有用的。在任何情况下，他都是国家的优异的装饰品。与此相反，正如人们所说的，在天堂的这一边，无论是战时还是在和平时期，僧侣既没有用处，也不能充当国家的装饰品。

托钵僧修道院对国家的危害比定居的教士团修道院大。后者对国家的危害通常不过是占据了一些庄园，这些庄园本来可以用来为国家供养军官和法官。而托钵僧则不仅自己游手好闲而且常常滋扰和破坏别人的劳动。他们以化缘为名从穷人手里夺走他们的生活资料,这些东西本应用来补充穷人的体力以便进行劳动。他们用唠唠叨叨的废话耽误了别人的大量时间,至于那些介入别人家庭纠纷的人和居心邪恶的人就更不必提了。经验证明,那些信奉新教,既无僧侣也无托钵僧的国家明显地变得更为强大了。这些国家还有另外一个有利之处,这就是他们大大减少了宗教节日的天数,在信奉罗马天主教的国家,人们在这些日子里是不工作的,这些节日使人民的劳动量每年减少了大约八分之一。

如果希望把国家中的每一样东西都利用起来,通过某种办法减少托钵僧数目看来是可能的。办法是,当修道院发生死亡和出现空缺的时候,把托钵僧并入修道院,同时使那些虽不能证明自己擅长思辨科学但却有能力推动实践艺术(例如数学的某些部分)的人能在这些地方找到隐居的场所。僧侣的独身并不像大家所想象的那样不好,这一点在前一章已作说明,但僧侣们的无所事事却是非常有害的。

第十七章　论金属和货币,特别是黄金和白银

正如土地将按照它的丰度和在它上面所耗费的劳动量生产出或多或少的谷物;铁、铅、锡、金、银等矿藏将按照它们的储量和在挖掘、排水、熔化、提炼过程中在它们上面所耗费的劳动的质量和数量,生产出或多或少的这类金属。银矿里的劳动是昂贵的,因为它造成的死亡率很高。一个人从事这种劳动的时间很少能超过五年或六年。

像其他任何东西一样，金属的真实价值或内在价值同在金属生产中所使用的土地和劳动成比例。只有当矿脉异常丰富，矿主能够从矿工的劳动中获得利润的时候，他们才会为进行这种生产而在土地上投入大量费用。维持矿工和工人的生活，即维持采矿劳动所需的土地，常常是矿主的主要开支项目，也是招致矿主破产的主要原因。

金属的市场价值，同别的商品和产品一样，根据需求状况，随同它们的充裕与稀缺程度而变化，有时高于、有时低于它们的内在价值。

如果土地所有者和国内那些仿效他们的较低阶级错误地认为，锡和铜有害于身体健康而拒绝使用它们；如果他们都使用陶制的家庭器具；那么，上述金属的市场价格就会极低，在矿井中进行的采掘工作就会停止。但事实证明这些金属是有用的，而且在生活中得到了利用。因此，根据它们的充裕和稀缺程度，以及市场对它们的需求状况，它们将永远有一个市场价值，并且总要不断被采掘出来用以补充日常损耗。

铁不仅在日常生活中有用，而且在某种意义上说是必不可少的。如果在新大陆被发现之前不曾利用过铁的美洲人发现了铁矿，而且知道如何利用它，可以肯定，他们早就会不惜工本地花费劳动去生产它了。

黄金和白银不仅具有锡和铜的用途，而且还具有铅和铁的用途。同其他金属相比，它们还有另外的长处，即不怕火烧，极为经久耐用，堪称是永恒的物体。因此，那些知道其他金属的用途的人，在黄金和白银尚未用于交换的时候就已非常珍重它们，这是毫不足怪的。从罗马建立之日起,罗马人就珍视黄金,但只是在五百年之后才把它们用作货币。其他所有民族很可能也是在把这些金属用于其他目的之后很久才把它们用作货币。从最古老的历史学家那里,我们发现,在埃及和亚洲,早在无法记忆的古代,黄金和白银就被当作货币使用了。我们从旧约全书中了解到,银币是在亚伯拉罕时代铸造的。

让我们假定白银最初是在美索不达米亚的尼法特斯山的矿井中发现的。我们可以很自然地推想:一个或更多的土地所有者发现这种金属既美丽又有用,于是便成了它们的最早使用者。他们非常乐于鼓励矿工和业主们从矿井中开采更多的白银。作为劳动的报酬,他们付给矿工及其助手一定数量的土地产品,使他们足以维持生活。这种金属在美索不达米亚平原越来越受人珍重,如果大土地所有者购买银罐,那么,较低的阶级,根据他们的财力和积蓄就可能购买银杯;银矿业主看到对其商品的不断需求,无疑将根据它的质量和重量,对照他通过交换所能得到的其他产品和商品,给它确定一个价值。由于人人都把这种金属当作贵重耐久的东西,都希望拥有一定数量的这类东西,作为白银唯一供应者的银矿业主,在某种意义上可以任意决定为得到一定量白银所需要的其他产品和商品的数量。

现在假定,在底格里斯河彼岸,即在美索不达米亚以外的地区发现了新银矿,新矿的矿脉比尼法特斯山的银矿富得多、大得多,而且由于排水容易,开采新矿耗费的劳动比开采旧矿少。这个新矿的业主自然可以用比尼法特斯山矿主低得多的价格供应白银。希望拥有银块或银器的美索不达米亚人将发现,向新矿主输出自己的商品以交换白银，比从旧矿主处获得白银有利得多。旧矿主发现需求减少，必然要降低其价格，但新业主也会按比例降低其价格，在这种形势下，第一位冒险家将不得不停止生产。因此，同其他商品和产品相交换的白银的价格必将固定在由新矿决定的水平上。这样，同美索不达米亚的居民相比，白银对于底格里斯彼岸的居民来说要便宜些，因为那些美索不达米亚人为了得到白银还须负担长途运输商品和产品的费用。

不难看到，如果发现了许多银矿，如果土地所有者对这种金属发生了兴趣，其他阶级就会模仿他们。人们甚至会急切地到处寻找未经加工的银块，因为根据银子的质量和重量，把它们制成自己所喜欢的物品是再容易不过了。由于这种金属是按其成本价值估价的，所以，至少有一部分拥有一些白银的人，在发现自己生活拮据时，可以拿它做抵押来借自己所需要的东西，甚至可以干脆在以后把它卖掉。这样，便产生了根据白银的质量和重量确定它的相对于其它一切商品和产品的价值的习惯。但因为白银可以同并不十分稀缺且开采成本较低的铁、铅、锡、铜等金属结合在一起，所以在交换白银的时候常常有人作假。这就促使一些国家建立起造币厂，以便通过国家铸币确保每个银币的含银量，并以铸币的形式还给那些把银条或银锭交给它的人等量的白银，而这些铸币则铸有标明其真正含银量的印章或证书。

这些凭证或铸币的成本有时由公众或君主支付——这是古罗马和目前英国所采用的方法；有时由那些把白银拿到造币厂铸币的人向造币厂支付——这是法国的习惯。

纯银是很难在银矿里找到的。古人不知道提炼纯银的办法。

他们虽然总是用上等成色的白银造币，但是流传至今的希腊、罗马、犹太和亚洲银币都不很纯。今天人们掌握了更多的技术，白银提纯的秘密已被发现。提炼白银的不同方法不是我们所要讨论的题目，许多作者已论述过这些问题，M. 布瓦扎德是其中的一位。我要说的只是，提炼白银的开支很大，因此，一盎司上等成色的白银通常胜过包含一半铜或其他合金的两盎司白银。分解合金并把包含在这两盎司中的一盎司纯银提炼出来是非常费钱的，但是简单的熔化却可以把其他金属接所希望的任何比例同白银结合在一起。如果有时把铜作为上等成色白银的合金，那么这不过是为了使白银更柔韧，更适合它的使用目的。但是，在对一切白银进行估价时，铜或其他合金的价值不值一提，只有上等纯银的含量才是人们所注意的。因此，常常需要进行分析化验，以确定纯银含量。

分析化验只不过是提炼一小块或一小条白银，确定它的纯银含量，以便通过这个小样品来判断整个银条的成色。人们先把银条的一小部分，例如十二谷，切下来放在天平上仔细称过（所用天平应极为精确，哪怕千分之一谷之差也会使天平发生倾斜），然后利用硝酸或火对样品进行提炼，直至把铜或其他合金分解出来。当白银提纯后，再在同一天平上称一遍，如果此时白银变成了十一谷而不是十二谷，那么分析表明，银条的十二分之十一是纯银，就是说，该银条包含十一份纯银、一份铜或其他合金。这对于那些有兴趣观察这一分析过程的人将是更容易理解的，这里并没有任何神秘之处。黄金也是用相同方法分析的，不同之处在于黄金的成色被分为二十四等，其单位称为“开”，由于黄金比白银更贵重，故每开又分为三十二等。与此同时，白银的成色分为十二等，其单位称"丹尼尔",每"丹尼尔"分为二十四谷。

为了标示和表示包含在一根金条或银条中的黄金或白银的数量,人们约定俗成地给予黄金和白银以内在价值这个称号。但在这篇论文中,我一直用内在价值这个词表示生产中所使用的土地和劳动的数量,因为我找不到其他更合适的词来表达我的思想。我提起这一点只是为了避免误解。当论述不涉及金银时,这个词一直很好地表达了我的思想而没有引起任何混乱。

我们已看到,诸如金、银、铁之类的金属有许多不同用途;它们具有同在它们的生产中所使用的土地和劳动的数量成比例的价值。我们将在这篇论文的第二部分看到,在交换过程中,人们不得不寻找一种共同尺度,以衡量他们所希望交换的产品和商品的比例与价值。唯一的问题是:什么产品或商品最适合充当这种共同尺度;今天普遍用于这一目的的金、银、铜被挑选出来充当共同尺度,是出于必然还是由于人们的一时冲动。

诸如谷物、酒、肉食等普通产品具有真实价值,能够满足生活需要,但它们都易于腐坏,而且难于运输,因此,很难充当共同尺度。

诸如布匹、亚麻、皮革等商品同样易于腐坏,并且,如果对它们加以分割,就不能不在某种程度上改变其为人服务的价值。像未加工的产品那样,它们的运输费用很高,甚至贮存也要花钱,因此,它们不适于充当共同尺度。

钻石和其他宝石,即使没有内在价值,即使它们受到珍重只是由于人们的一时爱好,如果不是因为它们容易仿造,一经分割就会造成损失,它们是适于充当共同尺度的。但是,由于这些缺陷和在实际生活中没有用处，它们不能充当共同尺度。

铁是永远有用而且相当耐久的，在没有更好的替代物的情况下，它将是一种不坏的共同尺度。但是它可能毁于火，而且一定价值量的铁过于庞大。从李科格斯时期到伯罗奔尼撒战争时期，它曾被用来充当共同尺度。但是因为，它的价值必须是内在地决定的，换言之，必须同在它的生产中所使用的土地和劳动成比例，所以，数量极大的铁只能代表很小的价值。有意思的是，醋可以损坏铁的品质，使它除了用于交换之外别无用处。因此，它只能为简朴的斯巴达人服务，但当斯巴达人一旦扩大了同其他国家的交往之后，它甚至对于他们也不再有用了。要想毁灭斯巴达人，只需要找到一些储量丰富的铁矿，仿造斯巴达人的货币，通过交换吸引他们的产品和商品就行了。与此同时，斯巴达人却不能用他们的锈铁从外国换回任何东西。当时斯巴达人并不关心对外贸易，他们所唯一关心的是战争。

铅和锡同样具有铁那种体积过大的缺点，而且它们同样容易毁于火，但在必要的情况下，如果不是因为铜更为适合更为耐久，利用它们进行交换还是不坏的。

铜作为罗马人的唯一货币一直使用到罗马建城后的 484 年，在瑞典，铜币甚至至今依然用作大金额交易的支付手段；但是，作为大金额交易的支付手段，铜的体积是太大了，瑞典人自己也愿意用金、银而不是铜作为支付手段。

在美洲殖民地，烟草、糖、可可被当作货币；但这些商品体积太大，容易损坏而且质量也不一样，因此很不适于充当货币，即价值的共同尺度。

只有黄金和白银具有体积小、质量相同、易于运输、可分割、在分割时不会造成损失、易于保管、用它们制造的物品美丽而明亮、几乎可以无限期地使用等特性。所有使用其他物品充当货币的人一旦找到足够的用于交换的金银，就转而把它们当作货币。只有在最小规模的购买中，金银才是不适用的。价值四分之一苏或一英担的金币甚至银币，体积都太小，难以使用。据说，中国人在进行小额交易时，用剪刀从银锭上铰下小块银子，并称好它们的重量。但自从他们同欧洲进行贸易以来，遇到这种情况，他们已开始使用铜币。

因此，各国都使用黄金和白银作为货币或共同的价值尺度，而在小额支付中使用铜币是毫不奇怪的。这是由效用和需要决定的，而不是由一时的冲动或共同的约定决定的。白银的生产要使用大量昂贵的劳动。银矿工人的报酬很高，因为这种工作的死亡率很高，他们之中很少有人能够工作到五六年以上。因此，少量银币所包含的土地与劳动相当于大量铜币所包含的土地与劳动。

货币或共同的价值尺度，从土地与劳动的角度看，必须在事实上和现实中同它所交换的物品相等。否则它就只有想象的价值。例如，如果君主或国家让某种没有真实价值和内在价值的东西充当该国的货币，那么，不仅其他国家将会以此为由而拒绝接受它，而且，当本国居民发现它缺乏真实价值后也会拒绝接受它。在第一次迦太基战争快要结束时，罗马人曾想让两盎司铜具有以前一磅铜即十二盎司铜的价值。但在交换中这种做法是不能长期维持的。一切时代的历史表明，每当国王降低其货币成色但却维持它的名义价值时，所有未加工的产品和制造品的价格都会同货币的贬值程度成比例地上涨。

洛克先生说，人类的约定使金银具有价值。这是无可怀疑的，因为它并不是绝对必要的。正是这同一约定赋予了并且每天都在赋予花边、亚麻、绸布、铜和其他金属以价值。尽管如果缺少这类东西之中的任何一种，人类照样可以生存，但是绝不能由此而得出结论：金银只有想象的价值。它们具有同生产它们所使用的土地和劳动成比例的价值。像其他商品和未加工的产品一样，只有在支出了大致同所赋予它们的价值相等的生产费用时，黄金和白银才能够被生产出来。一个人不管通过劳动生产什么，这种劳动必须能给他提供生活资料，这是一条伟大的原理。从那些与我们的思辨无关的靠自己的劳动和营业为生的下层百姓嘴里，我们每天都可以听到这一原理。“每个人都得活下去。”

第二部分

第一章　论物物交换

在第一部分，我曾试图证明：人们所使用的每一件东西的真实价值都同为生产它，以及为维持生产它的那些人的生活所使用的土地的数量成比例。在概述了一些国家的土地的不同丰度和土地按其内在质量所能更为充裕地提供的各种不同产物，以及在假定了为便利这些产品的销售已建立起城镇和市场之后，在第二部分中，通过比较各种可能做成的交换，如酒与布匹、谷物与鞋帽的交换等，以及说明运输这些商品或产品所会遇到的困难，我将证明：确定产品各自的内在价值是不可能的；对于人类来说，找到一种易于运输、不会腐烂、可按重量分割为不同部分，使其价值可等于不同的产品和商品、在生活中必不可少而且携带方便的物质，是绝对必要的。正因为如此，人们为进行大宗交易选择了黄金和白银，为进行小额买卖选择了铜。

这些金属不仅耐用、易于运输，而且需要使用大量土地来生产。因而，它们具有人们希望在交换中得到的真实价值。

像所有研究这个问题的其他英国作家一样，洛克先生只注意市场价格。他断言，所有东西的价值都同它们自身，以及它们所交换的白银的充裕性或稀缺性成比例。众所周知，自从大量白银从西印度群岛运到欧洲以后，这里的产品和商品的价格已经上涨。

但是，我想我们绝不应该把下述情况，即物品的市场价格同物品的数量以及在某地实际流通的白银的数量成比例，作为一个通例提出来。因为，被运到其他地方销售的产品或商品并不会对留下的物品的价格造成影响。例如，假设在一个集镇中待售的谷物量是其消费量的两倍，如果我们拿谷物总量同白银总量相比较，就会看到谷物量比用于购买它的白银量更充裕。然而，谷物的市场价格将保持不变，就像这里只有半数的谷物量一样。这是因为，另外半数谷物可以而且必须运到城市销售。运费将包括在城市的销售价格中，因而城市价格总是高于集镇价格。但除了产品可以在另一个市场上出卖的上述情况之外，我认为，洛克先生的思想在下章所述的意义上，而不是在别的意义上，是正确的。

第二章　论市场价格

假定屠夫为一方，买者为另一方。经过双方一番讨价还价之后，肉价就被确定下来了，一磅牛肉的价值与一定量白银之比同在市场上出售的所有牛肉与拿到这里来买牛肉的所有白银之比基本相等。

这种比例是通过讨价还价确定的。屠夫根据他所看到的买者数量尽量抬高价格。买者一方则认为屠夫的销售量将会减少而尽量压低价格。先由某些人确定下来的价格通常会为其他人所认可。某些人在为自己的产品吹嘘时十分精明，另一些人在给别人的产品挑眼时也毫不逊色。这种确定价格的方法并无严格的或几何学的基础，因为它往往取决于少数买主或卖主成交的心情是否迫切，性情是否随和，但似乎也找不到比这更方便的定价方法了。显然，待售产品或商品的数量同买者的数量或需求量之间的比例是（或通常假定是）确定市场实际价格的基础。而且，一般而言，这些价格不会偏离物品的内在价值很远。

让我们来看另一个例子。据说在青豌豆上市时，许多巴黎旅店的店主都要买进一些。假设第一个店主以六十法郎订购了十夸特青豌豆，而第二个店主以五十法郎，第三个店主以四十法郎，第四个店主以三十法郎也各订购了十夸特的青豌豆。如果要履行合同，市场上就必须有四十夸特豌豆。假定市场上只有二十夸特，蔬菜商贩看到买者这么多便会抬高价格，而买主也只好接受卖主规定的价格。在这种情况下，那些出六十法郎的人将首先买到十夸特青豌豆。后来，由于看到不再有人愿意出高于五十法郎的价钱，卖主只好按五十法郎的价格卖出另外十夸特。出价不超过四十法郎和三十法郎的买主不得不两手空空地走开。

如果市场上有四百夸特而不是四十夸特青豌豆，则不仅店主们能以低得多的价钱买到新豌豆，而且卖主们为了竞相把货物推销给为数不多的买主，也会把新豌豆的价格降低到差不多等于其内在价值的水平。在这种情况下，许多原来并没订货的店主就会买进一些青豌豆。

这样的事情是经常发生的，即过于固执、不肯降低价格的卖主由于失掉了按有利条件卖掉其产品或商品的机会而亏了本。也有这种情况，即由于坚持不改变价格，卖主得以在尔后按更有利的条件出售自己的产品。

远方的市场通常能影响本地市场的价格，如果在法国，谷物非常昂贵，那么在英国和在法国的其他邻国，谷物价格就会上涨。

第三章　论货币流通

英国人普遍认为：一个租地农场主必须生产三份地租：(1)付给土地所有者的主要的和真正的地租（通常假定其价值等于他的农场产品的三分之一）；(2)他用以维持自身，以及他雇来耕种土地的那些人和马匹的生存的地租；(3)应归他所有从而使他的经营有利可图的地租。

其他欧洲国家也普遍流行着同样的观念。虽然在某些国家，如在米兰尼斯国，租地农场主要缴给地主一半而不是三分之一的产品。在所有国家，都有许多地主企图向租地农场主索取尽可能高的地租。如果这份地租超过产品的三分之一，租地农场主往往就会很穷。我不怀疑，中国的地主向祖地农场主所索取的地租超过其产品的四分之三。

然而，如果一个租地农场主拥有一定的资本，可以继续经营他的农场，那么，那个把农场租给他的土地所有者，就保证能够得到三分之一产品的地租。比起他只顾提高地租不惜让租地农场主陷于贫困，从而冒失掉所有地租的危险，他将从这种交易中得到更多的好处。农场的规模越大，租地农场主的处境就越好。这一点在英国可以看到，那里的租地农场主通常比其他国家的租地农场主更为成功，因为在其他国家，农场的规模都比较小。

在关于货币流通的研究中，我将采用的假设是：租地农场主生产三份地租，他把第三份地租用于使生活变得更为舒适，而不是储蓄起来。事实上，在所有国家，绝大多数租地农场主的情况都是这样。

一国的所有产品以及制造商品所用的原料都直接或间接地来自租地农场主之手。除鱼类以外，一切东西都是土地生产的；而且，即使是以捕鱼为业的渔夫，也必须靠土地产品维持生活。

因此可以说，租地农场主的三份地租必须被看做是一个国家里货币流通的主要源泉或主要驱动力。第一份地租必须以现金的形式付给地主。至于第二、三份地租，其中用于购买铁、锡、铜、盐、糖、布料的部分需要使用现金。一般而言，几乎所有在乡间消费的城市商品都需要使用现金。但是这些商品的价值的总和几乎不超过全部或三份地租的六分之一。至于乡下人的食物和饮料；为了得到它们并不需要现金。

租地农场主可以自己酿造啤酒或葡萄酒而无需花钱购买；他可以自己制造面包，屠宰牛、羊、猪等等，在乡下食用；他可以用谷物、肉类和饮料来支付他的大部分助手的工资，在这些助手中，不仅有粗工而且有乡下工匠。上述产品是按附近市场的价格作价的，而劳动的价格则根据当地通行的价格来确定。

食物、衣物、住宅都是生活必需品。正如我已解释过的，在乡间获得食物并不需要现金。如果是在乡间制造粗糙的麻布和其他布料、建造房屋（而实际情况通常就是这样的），则为生产这些东西而付出的劳动在作价后，可以用实物支付而无需使用现金。

在乡间所需要的唯一现金，是用来交纳地主的主要地租以及用来支付必须从城里购买的那些商品的现金。这类商品包括：刀子、剪子、钉子、针、某些租地农场主和殷实人家使用的呢绒、厨房器皿、盘碟等等，简言之，一切只能从城市得到的东西。我早已指出，根据推算，一国的居民中有半数住在城市，市民们消费了半数以上的土地产品。因此，不仅交纳相当于产品三分之一的地租需要现金，为了支付在乡间消费的城市产品也需要现金，这些产品可能相当于土地产品的六分之一强。但是三分之一加六分之一等于产品的一半。因此，在乡间流通的现金至少等于半数土地产品。这意味着另外半数或略少一些的产品不需要现金就可以在乡间消费掉。

当地主在城里一笔一笔地支出租地农场主一次总付给他们的地租，以及当城市的各种业主、屠夫、面包师、酿酒师等等一点一点地收集这笔货币以便一次总付地从租地农场主那里买进牛、小麦、黑麦等物品时，这笔货币便进入了流通。这样，先是所有大笔货币金额被分成小笔货币金额，而后所有小笔货币金额又被收集起来，直接地或间接地，以大笔货币金额的形式支付给租地农场主。这些货币，无论是大笔的还是小笔的，都是作为对他人所提供的服务的报酬而支出的。

当我指出，在乡间流通所需要的货币量，在价值上通常等于土地产品的一半时，我所指的是最低限度的货币量。我将假设，为了便利流通，充当三份地租的流通媒介的现金，在价值上应等于这些地租或土地产品的三分之二。以后将会看到，这个假设并不十分违背事实。

现在让我们来设想：在某一小国，充当流通媒介的全部货币等于一万盎司白银；利用这些货币进行的支付，即乡间对城市和城市对乡间的支付，每年进行一次；这一万盎司白银在价值上等于租地农场主的三份地租中的两份或土地产品的三分之二。这样，地主得到的地租就将为五千盎司。通过一年一度进行的支付，在乡下人和市民之间流通的剩下的全部白银也将等于五千盎司。

但是，如果地主同租地农场主商定，每半年支付一次而不是一年支付一次地租，如果其他两份地租的借债人也是每六个月偿付一次债务，流通速度就会改变。原来每年支付所需的货币量是一万盎司而现在只需五千盎司就够了，因为每年支付两次的五千盎司白银同每年支付一次的一万盎司白银的效果是一样的。

进一步说，如果地主同租地农场主商定，每季度支付一次地租，或者说如果他们满足于按能使后者卖掉自己产品的一年的四个季度接受租地农场主的地租；如果所有其他的支付也都是每季度进行一次，那么，在每年进行一次支付的情况下需要一万盎司白银的同一流通过程就将只需要二千五百盎司白银。因此，如果假定上述小国的所有支付都是每三个月进行一次，流通所需货币的价值同土地的年产品的价值（或三份地租）之比就将为二千五百法郎比一万五千法郎，即一比六。因而这些货币的价值就将等于年产品的六分之一。

但是，我们知道，在城市中，所有的流通都是通过业主进行的；用于食品消费的支出是按日、按周、按月进行的；每个家庭每年购买一次到两次衣料的支付是由不同人在不同时间进行的；用于饮料的支出通常是按日进行的；用于啤酒、煤和其他成千种消费品的支付也进行得非常迅速；因此，我们根据每年度支付一次的假设而得出的比例似乎是太高了。流通价值一万五千盎司白银的土地产品所需要的货币可能比二千五百盎司白银少得多。

然而,由于租地农场主至少要每季度付给地主一大笔钱,由于君主或国家对消费所课税款首先要在税务官那里积累起来,集成大笔数目后再上缴总税务官,所以在流通中必须有足够的现金,以便使这种大笔数额的支付不会遇到困难,同时又不妨碍人民吃饭穿衣所需要的现金的流通。

从这里可以看出,一国流通所需货币量的大小不是不可理解的,在不同国家,按照生活方式和支付速度的不同,这一数量可能会大一些也可能会小一些。但是,欲就这一数量的一般情况做任何确定的判断,却非常困难,因为这一数量在不同国家可能是不同的。当我说"一国之中进行流通和交换所需的真正现金或货币的价值,等于上述国家土地所有者年地租的三分之一"的时候,我只是在作一种猜测。

在一国之中,不论货币是否充裕,这一比例都不会有太大的变动,因为在货币充裕的国家地租较高,在货币稀缺的国家地租较低。这种情况在所有时代都可以看到。但是,在货币稀缺的国家,物物交换通常比在货币充裕的国家更为流行,货币流通速度也比在货币不是如此稀缺的国家更迅速,而不是像在那里那么缓慢。因而,在估计流通中的货币量时,必须考虑到货币流通速度。

假定流通中的货币等于土地所有者所有地租的三分之一,而这些地租等于土地年产品的三分之一,则由此可推出:"在一国流通中的货币,其价值等于全部土地年产品的九分之一。"

威廉·配第爵士在 1685 年的手稿中一再假定流通中的货币

等于土地产品的十分之一。但他并没有提出理由。我认为,他的这个看法是根据经验和有关当时爱尔兰的货币流通和土地产品的实际知识得出的。作为统计官员,他曾丈量过那个国家的大部分土地,并根据自己的观察结果,粗略地估算过那里的产品数量。我的观点同他的结论相去并不甚远,但我宁可拿流通中的货币同地主的地租(通常用现金缴纳,很容易通过统一的土地税加以核实)而不是同土地产品进行比较,因为这些产品的市场价格每天都在变化,而且其中相当大的一部分消费根本无需通过市场。在下一章,我将提出一些理由,借助实例证明我的结论。我认为这一结论是有用的。即使就每个国家而言,它在数学上并不严格,如果它接近事实,且能阻止各国的执政者在货币流通量问题上产生一些过分的想法,我就心满意足了。统计学是这样一种独一无二的知识的分支:当它让想象驰骋时便错误百出,当它以翔实的事实为基础时便无懈可击。

一些城市和国家由于没有土地,只好用劳动或制造品换取其他城市和国家的土地产品,以此维持生存。这类城市和国家包括汉堡、但泽、帝国的其他一些城市,甚至荷兰的一部分。估算这些国家的货币流通量看来更为困难。但是,如果我们能估算出供养它们所需要的外国土地的数量,其计算结果恐怕同我就那些主要靠自己产品维持生存的国家所作计算的结果不会相差很多。

至于进行对外贸易所需的现金,它的需要量似乎不会超过当外贸平衡时一国之内处于流通中的货币量。所谓外贸平衡是指运到国外的产品和商品在价值上等于输入的产品和商品。

如果法国把布料运到荷兰并从荷兰输入价值相等的香料,消费这些香料的土地所有者将按价付钱给杂货商,而后者又将把同一数量的货币付给织布匠。由于织布匠把布料运到荷兰,荷兰应付钱给他。这一支付过程是通过汇票完成的,对此,我将在下面加以解释。除地主的地租之外,这两笔货币的支付也是在法国进行的。没有任何货币因此而流出法国。社会中消费荷兰香料的所有其他阶级都以类似的方式付钱给杂货商;那些靠第一份地租为生的人,即土地所有者,用这份地租来支付,而那些住在城市或乡间、靠另外两份地租为生的人,则直接或间接地用充当这两份地租的流通媒介的货币来支付。杂货商再根据荷兰人开出的汇票把钱支付给制造商。当外贸处于平衡状态时,一国不会因外贸而增加对流通中的货币的需求量。但是,如果外贸不平衡,如果卖给荷兰的商品多于买回的商品,或反过来,荷兰或法国就必须把弥补入超的货币运往对方。这将增加或减少法国的货币流通量。

发生这样的事也是可能的,即尽管同某一外国人的贸易处于平衡状态,但这一贸易会因妨碍现金流通而导致货币需求量的增加。

例如,如果穿本国衣料的法国妇女希望改穿靠运到荷兰的布料支付的荷兰天鹅绒,她们首先要付钱给从荷兰输入天鹅绒的商人,这些商人又要付钱给纺织匠。这样,同这些妇女满足于享用法国衣料而直接向纺织匠付款的情况相比,货币易手的次数要更多一些。由于同一笔货币经过许多业主之手,货币流通速度就会放慢。但要对这类延误作出准确估计是十分困难的,因为它取决于各种不同的具体情况。因而,在我们目前这个例子里,假设妇女们当天付款给天鹅绒商人;后者在次日根据荷兰开出的汇票付款给制造商；制造商在第三天付款给羊毛商；最后，羊毛商在第四天付款给租地农场主；但租地农场主却可能使这笔钱在他那里滞留两个月以上，以便凑足每季度必须缴纳给地主的地租。如果不是这样，在这两个月当中，这笔货币可能早已经过成百个业主之手，国家所需的流通媒介就不会被锁在钱柜里。

总而言之，地主的主要地租必须被看做是流通中最必要、最重要的一部分货币。如果他住在城市，而租地农场主也在同一城市出售他的全部产品并购买乡间使用的必需品，则现金可以始终留在该城市。租地农场主将在这里卖掉他的农场的一半以上产品，并在这里把占他的产品三分之一的货币价值支付给地主，把其余的支付给商人或业主，以购买在乡间消费的各种商品。但是，即使在这里，由于租地农场主通过出售其产品而得到一笔一次总付的货币金额（这笔货币金额随后被分配在各种零星购买上，最后又被收集起来，作为对租地农场主的一次总付的支付金额），这种流通同租地农场主把出售产品得到的钱带到农村，然后又使它流回城市的效果是一样的（这服从于流通速度）。

流通总是这样构成的，即租地农场主通过出售产品而得到的大笔货币金额先是被分成许多小笔金额，然后这些小笔金额又被收集到一起以进行大笔金额的支付。不管这些货币是部分地流出了城市还是完全留在城市，它们都可以被视为城乡之间的流通媒介。所有的流通都发生在一国的居民之间，所有居民都是以这种或那种方式依靠土地产品和乡下出产的原料维持生活的。

不错，例如从乡下买来的羊毛，当它在城市里被织成布之后，其价值是原价的四倍。但是这种价值的增加，体现了城市工人和制造商的劳动的价格,是用来交换他们借以维持生活的乡下产品的。

第四章 对交换中货币流通的迅速性和缓慢性的进一步思考

让我们假设租地农场主每季度付给地主一千三百盎司白银;地主每周从中提出一百盎司付给面包师、屠夫等等,而这些人每周又把这一百盎司付给租地农场主。因而,租地农场主每周所得到的货币同地主支出的货币一样多。在这种情况下,只有一百盎司的白银处于经常流通之中;另外一千二百盎司白银将分别留在地主和租地农场主手中。

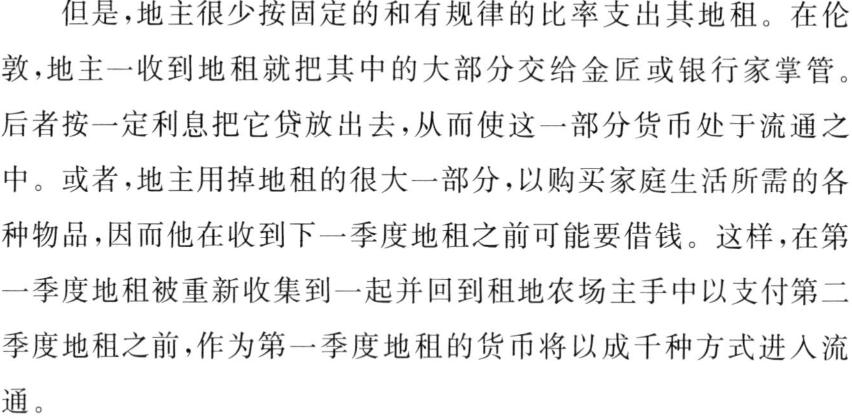

但是,地主很少按固定的和有规律的比率支出其地租。在伦敦,地主一收到地租就把其中的大部分交给金匠或银行家掌管。后者按一定利息把它贷放出去,从而使这一部分货币处于流通之中。或者,地主用掉地租的很大一部分,以购买家庭生活所需的各种物品,因而他在收到下一季度地租之前可能要借钱。这样,在第一季度地租被重新收集到一起并回到租地农场主手中以支付第二季度地租之前,作为第一季度地租的货币将以成千种方式进入流通。

当支付第二季度地租的期限到来时,租地农场主将大量出售自己的产品,而那些购买他的牛、谷物、干草等等的人则早已一笔一笔地凑足了用来购买它们的货币。第一季度的货币在被零售商集中起来之前,已这样地在小笔交易的渠道中流通了近三个月。

这些零售商将把这笔钱付给租地农场主，而后者则将用它们来支付第二季度地租。这一点似乎表明，对于一国的流通来说，它所需要的现金比我们原来设想的要少一些。

借助估价进行的物物交换不需要使用许多现金。如果一个酿酒商为一个布商提供其家庭所需要的啤酒，而布商反过来为酿酒商提供他所需要的衣料；如果这些商品都以交货时通行的市场价格计价，那么，在这两个交易者之间所唯一需要的现金就是这两笔交易的差额。

如果某个集镇的商人把乡间产品运到城市，由那里的客商出售，而后者也把将在乡间消费的城市商品运交前者；如果两个商人之间的交易持续一整年，而且由于彼此之间的相互信任，他们把产品和商品按各自的市场价格记入账户；那么，这种商业往来所需要的唯一真正的货币，就只不过是在一年终了一方所欠另一方的货币差额。甚至在这时，这一差额也可以被转账到下一年而无须真正支付任何货币。一个城市的所有业主，如果他们之间有经常的商业联系，都可以采用这种方法。这些通过估价进行的交换似乎可以大量节约流通中的货币，或者，至少可以加快它们的运动速度。这是因为，货币在许多环节中已不再是必不可少的了。如果没有这种信任和通过估价进行交换的方法，货币就需要通过这些环节。人们通常说，商业信用使货币变得不那么稀缺，这种说法是不无道理的。

金匠和公共银行家的存在也导致了流通速度的提高，因为他们的银行券就像现金那样也能很方便地在支付中流通，如果在本来靠银行券就足以应付的所有这些支付中仍需要使用货币，货币

流通速度的提高就会受到阻碍。虽然这些金匠和公共银行家总要把通过发行银行券而得到的真正货币中的相当一部分保留在手中，但正像我以后研究公共银行时将要解释的那样，他们同时也把这些真正货币中的相当一部分投入流通。

所有这些考虑似乎证明，一国进行流通所必需的货币比我原来假定的要少得多。但是下面的事实看来对它们起了抵消作用，并导致了流通速度的放慢。

我愿首先指出，所有乡间产品是由劳动提供的。正如我早已一再指出的那样，劳动可以在不需要或只需要少量真正货币的情况下进行。但是，所有商品都是在城市或集镇由那些必须付给真正货币的人的劳动所制造的。如果一间房屋的造价是十万盎司白银，这笔钱的全部或大部必须在每周以较小的数量直接或间接地付给制砖匠、泥瓦匠、木匠等等。收入微薄的家庭在城市人口中总是占大多数，他们的开支不可避免地要使用真正的货币。在这些小额交换中是没有信用、记账、汇票的地位的。商人或零售商要求买主为他们所提供的东西付现金；或者，如果他们为某个家庭提供了为期数日或数月的信用，他们就会要求偿付相当数量的货币。如果一个马车制造商卖掉一辆马车而得到四百盎司白银的银行券，他将不得不把这些银行券换成真正的货币，以购买各种原材料和给那些为他们生产了这辆马车的人支付报酬（如果这些人是在尚未得到工资的情况下为他工作的），或者，开始制造一辆新马车（如果他早已给这些人支付了报酬）。马车的出售将使马车制造商得到一笔利润。他将把这笔利润用于维持他的家庭的生活。他对银行券是不会感到满意的，除非他能因此而得到一些东西，或者能

以一定的利息把它贷出去。

从某种意义上说，一国居民的消费完全是对于食物的消费。住宅、衣服、家具等等相当于生产它们的人的食物。在城市里，所有饮料和食物都必须用硬币支付。住在城里的土地所有者家庭按日支付食品费，按周或按月支付饮料费。帽子、袜子和鞋子等项开支通常是用真正的货币支付的，这些支付金额至少相当于付给它们的制造者的现金。所有用于支付大笔开销的货币金额都被分割、分配、分散成相当于维持工人、仆役等等的生活所必需的小笔支付金额。而所有这些小笔金额又必然会被经营居民生活资料的业主、零售商收集、汇总起来，以便在向租地农场主购买产品时做成大笔的支付。一个啤酒店老板几个苏几个法郎地把钱收集起来，支付给酿酒商。后者则把它们用于支付从乡下买来的所有谷物和原料。我们不能想象，在一国之中，任何东西都像家具、商品等那样是用现金购买的，因为其中一些东西的价值并不等于其制造者的生活费用。

城市里的货币流通是通过业主进行的，而且总是直接或间接地相当于仆役、工人等等的生活费用。如果没有现金，就无法对流通发生细微影响。在一定时间内，银行券可在大笔金额的支付中代替现金。但是，正如在城市流通过程中或迟或早总会发生的那样，当大笔金额被分配、分散，以便进行小额交易时，银行券就不再能够起作用，现金就是必需的了。

我们事先假定，一国之中所有从事某种节约的阶级都进行储蓄。他们使少量现金处于流通之外，直到积蓄了足够进行投资，以获得利息或利润的货币。许多吝啬和胆小的人则在一个相当长的时期内把现金埋在地下或窖藏起来。

许多土地所有者、业主和其他各色人等总是把一些现金放在钱袋里或保险柜中以备不时之需，以免到时拿不出钱来。如果某位绅士声称，在整整一年中，他钱袋里的钱从来不少于二十个路易，这就等于说，他的钱袋使二十个路易脱离流通整一年。没有任何人愿意把自己的最后一个苏花光，一个人是不愿意让人把自己剥夺得一干二净的，在甚至无力用自己的货币还清哪怕一笔债务之前，他也不会愿意接受新的分期付款。

矿主和律师的资本经常以现金的形式储存起来，从而被置于流通之外。

除经过租地农场主之手每年按季支付的大笔金额外，还有很多在同一时期往来于业主之间、在不同时期往来于货币的借方与贷方之间的其他形式的支付金额。所有这些金额都经零售贸易汇集起来；重新分散到各地；或早或迟又回到租地农场主手中。但是，较之下述情况，即支付这些大笔金额的时间与因购买农产品而向租地农场主付款的时间不同，它们似乎需要更大量的用于流通的现金。

最后，一国居民的等级是如此不同，与此相应的真正货币的流通也是多种多样的，因此，就满足流通需要的货币数量问题作任何精确或严格的说明，看来是不可能的。我提出这样多的例子和推论，只是想说明我的下述结论，即“一国流通所需的真正货币的数量大致等于地主一年中所有地租的价值的三分之一”，并不十分违背事实，在其他因素不变的条件下，如果地主得到了相当于租地农场主的产品一半或三分之一强的地租，流通就需要更多的真正货币。

如果银行和账面信用受到巨大信任，或者由于其他什么原因，流通速度加快了，那么，较少的货币也就足够了。但我以后将指出，公共银行并不能像通常所假设的那样，提供那么多的好处。

第五章 论一国中硬币流通的不平衡

城市总是为乡村提供各种商品，居住在城市的土地所有者总是在那里接受其土地的大约三分之一的产品。因而，乡村对城市欠有二分之一强土地产品的债务。如果所有土地所有者都住在城里，这笔债务将总是超过一半土地产品。但由于一些无关紧要的土地所有者往往住在乡村，所以我假定，那些不断由乡村支付给城市的差额或债务等于土地产品的一半，并且是在城里，用由乡村运到城里出售以偿付这一债务的那一半土地产品支付的。

但是在一个王国或国家中，所有的农村都欠首都一笔固定的金额。这是因为它们要向住在首都的更为显赫的土地所有者支付地租，要向国家和王室交纳赋税。这些地租和赋税大部分是在首都支出的。所有的省城也都欠首都一笔固定的金额，这或者是为了向国家支付用于住房或消费资料的开支，或者是为了从首都购买形形色色的商品。住在省城的居民或土地所有者有时也要到首都住上一段时间。他们到首都或者是为了寻欢作乐，为了打官司，等待法庭的最后判决，或者是为了把子女送到首都接受时髦的教育。因而，所有这些在首都用掉的钱都来自省城。

因此可以说，一国的所有农村和城市都有规律地每年欠首都一个差额或一笔债务。但由于这笔债务要用货币支付，显然，各省总是欠首都一大笔货币金额。各省运到首都的产品和商品都在那里出售以换取货币，上述债务或差额就是用这笔货币偿付的。

现在假设在各省和首都的货币流通中，货币在数量上和流通速度上都相等，由于首先要把上述差额以现金的形式送到首都，这就减少了各省的货币数量，增加了首都的货币数量。因为在首都货币更为充裕，所以，在那里，原材料和商品的价格将比在各省昂贵。首都和各省之间的价格差别必须能够补偿运输成本和风险。否则，现金将被送往首都以支付前述差额，而且这一过程将不断进行下去，直到首都和各省的价格差别达到能够补偿这些风险和成本的水平。于是，集镇的商人或业主将以较低价格买进农村产品，并把它们运到首都以较高价格卖出。这一差价必将能补偿喂养马匹、雇用仆役的费用，并构成业主的利润。否则，业主就会停止他的营业。

由此可以推论：同等质量的粗制品的价格，与其运输成本和风险成比例，在靠近首都的农村比在距离首都较远的农村总要高一些。在邻近大海和流经首都的河流的农村，产品价格将成比例地高于那些偏远的农村（假设其他条件相同），因为水路运输要比陆路运输便宜。另一方面，那些不能在首都消费的产品和小货物（由于不适于在首都消费或由于体积过大无法运到首都，或由于会在路上变质），在农村和边远的省城比在首都便宜得多，因为充当它们的流通媒介的货币量在边远省城要小得多。

因而，一般地说，在普瓦图地区，鲜蛋、野味、鲜牛油、木柴比在巴黎便宜得多。与此同时，在巴黎，棉花、牛、马匹虽则较贵，但所贵的部分仅相当于多出的运输成本和风险，以及为进入首都而交的入城税。

根据经验很容易再归纳出一系列同样性质的结论，以证明在一个大国或王国的不同省份中货币流通不平衡的必然性；并说明这种不相等总是同应付给首都的收支差额或债务相联系的。

如果我们假定，应付给首都的收支差额相当于一国各省土地产品的四分之一，那么土地的最佳利用方式就是在毗邻首都的乡村生产那些只有付出大量开支或损耗后才能从边远省份得到的产品。而实际情况也一向正是这样。首都的市场价格是租地农场主使用土地以达到这种或那种目的的标准，如果价格合适，他们就会把离首都最近的土地用作为市场提供产品的菜园、牧场等等。

布匹、亚麻、花边等制造业应尽可能建立在边远省份；而以铁、锡、铜等为原料的工具制造业则应建立在因距离遥远而别无他用的煤矿、森林附近。这样，制成品就能以便宜得多的费用运到首都，因为运费比将原料运到首都进行加工的费用以及在那里从事加工工作的工匠的生活费用少得多。这将节约大量的马匹和御者，使之更好地为国家的利益服务。土地将用于维持当地工人和有用的技工的生活；一大批原来用于不必要的运输的马匹将被节约下来。这样，边远地区的土地将使其所有者得到较高的地租，各省和首都之间货币流通的不平衡将得到调整，从而变得不那么显著。

然而，用这种方法建立各种制造业不仅需要更多的赞助和资本，在某种意义上，还需要确保在首都自身或国外有一种有规律的和稳定的需求。这些制造业的出口反过来可以使首都得到好处。因为后者可以利用这种出口来偿付它从外国得到的商品或取得表现为白银实物的收入。

这些制造业在刚刚建立的时候，不可能立即完善起来。如果其他某些省份的制造业更完善，产品更便宜（这或者是由于位于首都附近，或者是由于有大海河流之助运输十分方便），则上述新建的制造业就不会获得成功。在建立一个制造工场时，上述各种情况都应考虑到。我不想在本文详细论述这些问题。我只是提议，在可行的限度内，制造业应建立在远离首都的省份，以便使它们具有更重要的地位，并使那里的货币流通量同首都的货币流通量相比，不那么不合比例。

如果一个边远省份没有制造工场，如果它只能生产普通原料而又没有联接首都或海洋的水路交通，则同首都相比在它那里流通的货币将少得惊人；它的最上等土地所能为住在首都的王公贵族和土地所有者提供的东西也将少得惊人。

依靠艰难的长途海运，绕直布罗陀海峡运到北方的在南方各省和郎格多克出产的葡萄酒，由于经过了许多中间商，它所能给住在巴黎的土地所有者带来的收入是很少的。

然而，尽管有运输和距离上的困难，这些边远省份仍应把它们的产品运到首都，或者运到国内的其他地方，因为只有这样才能取得相应收入以偿付应付给首都的收支差额。但是，如果当地有工厂来支付这一差额，这些产品就应主要在当地消费。在这种情况下，当地居民的人数就会大得多。

考虑到由于距离所造成的费用，边远省份的产品在首都所能得到的收益是非常少的，如果该省份只用它的产品来支付收支差额，则很显然，住在首都的土地所有者为在首都得到少量东西需要支付大量乡村土地产品。这是货币量的不相等所造成的,而这种不相等又应归因于该省应向首都偿付的那个恒久存在的收支差额。

目前,如果一个国家或王国向所有外国供应它自己的制造业的产品,如果这一贸易量大到使它每年能从国外得到一个固定的货币余额,该国的货币流通规模就将比外国大,货币在这里就将更充裕,因而,土地和劳动就将逐渐变得更加昂贵。这样,只要这些情况不变,上述国家的所有贸易部门就将能够以较少的土地和劳动换取外国的较多的土地和劳动。

但是,如果某一外国人住在上述国家,他的地位和处境就与那些住在巴黎但其土地却在边远省份的土地所有者大致相同。

法国自 1646 年建立了纺织工场和其他工场以来,就至少部分地按上述方式进行贸易了。自从法国衰落以来,英国支配了这一贸易,所有国家的繁荣似乎都取决于它们参与这一贸易的程度。在其他条件相同的情况下,不同国家货币流通额的不相等造成了它们各自国力的不同。而这种货币流通额的不相等又总是同对外贸易的平衡状况有关。

根据本章所论及的内容,很容易作出下述判断,即由德·沃邦先生所提出的,根据皇家什一税确定税款的办法是既不妥当又难以实行的,如果以货币形式,根据土地所有者的地租按比例地征收土地税,将是更为公平的。但在这里,我不能脱离本题去证明德·沃邦先生所提建议的不便之处和不可行性。

第六章 论一国硬币数量的增减

如果在一国发现了金矿或银矿，并且从这些矿井中采到了大量矿石，这些矿井的所有者、业主以及所有在这里工作的人，必将根据他们所得到的财富和利润，按一定比例增加开支。他们还将把超过开支所需的那部分货币借给他人使用，从而取得一定利息。

所有这些货币，无论是贷出的还是支出的，都将进入流通。它们将在自己所进入的一切流通渠道提高产品和商品的价格。货币的增加将造成支出的增加，而这又将导致市场价格在交易水平最高的年份迅速增加，在交易水平最低的年份逐渐增加。

每个人都同意：货币的充裕性或它在交易中的增加，将提高一切东西的价格。在过去两个世纪，由美洲运到欧洲的货币数量已从经验上证明了这一真理。

洛克先生把下述命题作为一条基本准则，即与货币数量成比例的产品和商品的数量是市场价格的调节器。我曾在前面几章试图阐明他的思想。他清楚地看到，货币的充裕性使一切东西变得昂贵，但他并未考虑这一结果是如何形成的。这一问题的巨大困难在于说明货币的增加以什么方式和以多大比例提高了价格。

我已指出，在交换中，货币流通的加速或更大的速度，等于把真实货币增加到了某一点。我还曾谈到，国内或国外的某一边远市场的价格的增减会影响真实的市场价格。另一方面，货币在汇集成大笔金额之后，先是被分散于交换的涓涓细流中，尔后又积聚起来以便进行大笔金额的支付，鉴于货币一笔笔地流过如此之多的渠道,追踪它的流向似乎是不可能的。由于这些情况,人们必须根据交易活动不断改变金、银、铜币的数量。一国货币的增减不为人们所察觉也是常有的事,因为货币是以难于察觉的方式与数量流到国外或被带入国内的,准确地判断进入或离开一国的货币的数量是不可能的。

然而,所有这些活动都是在我们眼皮底下进行的,而且每一个人都参与了这些活动。因而,我还是可以冒昧地就这个问题发表几点看法,尽管我也许并不能提供准确或精确的说明。

我认为,一般而言,一国中真实货币的增加将导致消费的相应增加,而后者又将造成价格的上涨。

如果增加的真实货币来自该国的金矿或银矿,这些矿的所有者、投资者、熔炼者和其他所有工人都将根据他们的收益,按一定比例增加开支。他们将在家里消费比以前更多的肉类、葡萄酒或啤酒,他们将习惯于穿更好的衣服,更精致的亚麻布制品,他们将购买陈设更考究的房屋和其他上等商品。结果,他们将使一些以前无事可做的技工找到工作。这些工匠基于同样的原因也将增加开支。在肉类、酒、羊毛等等商品上所增加的这些开支必然会降低最初并未参与分享上述矿藏财富的那部分居民在国家开支中的比重。同以前相比,市场上的争吵更激烈了,或者说对肉类、葡萄酒、羊毛等等的需求增加了,这将导致上述商品价格的上涨。较高的价格又将促使租地农场主在来年使用更多的土地去生产这些商品。这些租地农场主将因这种价格上涨而受益,他们也将像其他人那样增加其家庭开支。这种物价上涨和消费增加的受害者,首先是其出租契约仍然有效的土地所有者,其次是家庭仆役和一切工人或靠工资维持家庭生活的固定工资收入者。所有这些人必须与新消费量成比例地减少开支。这就迫使他们之中的很多人迁居到别处另谋生路。土地所有者将辞退他们之中的许多人,其他人则将要求增加工资以使自己能维持原有生活水平。情况大致就是如此:由于金、银矿的开发而大量增加的货币导致了消费的增加,并且,通过减少居民的人数,它使那些留下来的人得以增加开支。

如果从金、银矿继续得到更多的货币,由于货币的充盈,物价将上涨到这样的程度,以致不但土地所有者在租约期满以后要大幅度提高地租,以恢复原有生活方式,并相应增加其仆役的工资,而且手工匠和工人也将把他们的产品的价格提高到这样的程度,以致从外国人那里购买这类产品反而能得到很多好处,因为后者制造这类产品便宜得多。这自然将促使一些人进口外国制造的许多制成品(在国外,将发现它们非常便宜)。由于生活费用昂贵,该国的工匠和工人无法以报酬这样低的工作维持自己的生活,他们将逐渐陷于破产。

当从金、银矿得到的过度充盈的货币使该国居民人数减少,使留在国内的人们习惯于过度的开支,使土地和工人劳动的产品的价格被过度抬高,并因地主和矿主使用外国产品而使该国制造业陷于破产的时候,由金、银矿提供的货币必将流到国外以付清进口商品的价款。这将逐渐使该国陷于贫困,并使该国在某种程度上依赖于外国人,因为它每年都不得不把从矿井得到的货币交给他们。在开始阶段甚为普通的那种货币的大量流通停止了,贫困和悲惨接踵而来。矿井里的劳动似乎仅仅对那些在矿井做事的人和那些因此而得到利润的外国人有好处。

自发现西印度群岛以来在西班牙所发生的事,大致就是如此。至于葡萄牙,自巴西的金矿发现以来,他们几乎总是使用外国物品和制造品;他们在矿井工作似乎仅仅是为了使外国人得益。这两国从矿井中开采出黄金和白银,但却并未使它们自己在流通中得到比其他国家更多的贵金属。一般而言,英国和法国所拥有的贵金属甚至还要多一些。

现在,如果货币的增加是由外贸顺差造成的(即由于向国外输出的物品和制造品的价值和数量大于输入,因而获得了货币余额),那么,每年货币的这种增加将使该国的大批商人和业主富足起来,并使为外国人提供商品的大批工匠和工人得到就业机会,而货币就是从输入这些商品的外国人那里得来的。这将逐渐增加这些工业居民的消费并提高土地和劳动的价格。但是急于得到财产的从事工业活动的人最初并不会增加他们的开支,他们首先要积累足够的货币,以便不依赖于贸易就能得到有保证的利息。当大批居民已从每年有规律地进入该国的这些货币中得到大量财富之后,他们必将增加消费量,从而提高一切东西的价格。虽然物价的上涨将使他们的开支比最初设想的要大,但是,只要他们的资本还在,他们之中的大多数就将继续这样做下去。因为没有任何东西比增加家庭开支更惬意,没有任何东西比压缩这种开支更困难、更令人不快。

如果每年持续存在的顺差使一国货币显著增加,它就必然会使消费增加,并提高一切东西的价格,甚至减少居民的人数,除非该国能按照增加的消费量从外国输入额外的产品。不仅如此,那

些拥有十分充裕的货币的国家往往习惯于从货币稀缺因而物价低廉的邻国买进很多东西。但因必须为此付钱,该国的贸易顺差将会缩小。由于土地和劳动便宜,那些货币稀缺的国家自然将建立起同顺差国相似的工厂。但是在开始阶段,这些工厂不会像顺差国的工厂那样完善,也不会像在该国那样受到高度重视。

在这种情况下,该国可以在充盈的货币中生存下去,它将消费掉它自己的所有产品以及许多外国产品,除此之外,它还将对外国人维持一个小小的贸易顺差,或至少在许多年内维持对外贸易的平衡,这就是说,通过输出自己的产品和制成品,从国外输入相当于它为从外国购买商品或土地产品而输出的等量货币。如果该国是一个海运国,通过海路运输其产品和制成品比较方便和便宜,这在某种程度上可以补偿由于货币过于充盈而造成的劳动价格较高的不利。因而,该国的产品和制成品虽然价格较贵,但却往往能在外国已比某些国家更便宜的价格出售,尽管这些国家的劳动报酬较低。

运输费用大大增加了运到遥远国度的东西的价格;但这些费用在航海国家却不甚高,因为这些国家有船只定期开往所有外国港口,在那里几乎随时可以看到满载各种托运的货物即将起航的船只,它们的运费是十分合理的。

在海运事业不发达的国家,情况就不同了。为了进行贸易就必须特意造船,这往往会耗尽所有利润。在这些国家,海运费用一向极高,这就完全阻碍了贸易的发展。

英国目前不仅消费自己的小型产品之中的绝大部分,而且大量消费诸如丝绸、葡萄酒、水果、亚麻制品等外国产品,与此同时,它只向外国出口矿产品，主要是加工品和制成品。尽管由于货币充盈，在英国劳动价格昂贵，但由于它在海运方面的优势，它依然能以像在法国那样合理的价格使自己的产品行销于各个遥远的国度。在法国，这些产品的价格比别的国家低得多。

在没有贸易盈余的情况下，一国的货币流通数量的增加也可能是由下述原因引起的：外国支付给这个国家的补贴，外国使节或旅游者的开支（后者出于政治原因或好奇心或为了享乐而在该国暂时逗留），某些家庭转移到该国的财产（这些家庭为了追求宗教自由或出于其他原因而离开祖国到该国定居）。在所有这些情况下，流入该国的货币总是引起该国的开支和消费的增加，从而导致这些货币所流入的那些交换渠道中的所有物品的价格的上涨。

假设在货币增加之前，该国四分之一的居民每天消费肉类、葡萄酒、啤酒等，并经常给自己提供各种衣服和亚麻制品。但在货币增加之后，消费这些东西的居民人数将上升到全国人口的三分之一或一半，这将导致物价的上涨。与平时相比，由于肉类价格的上涨，构成该国人口四分之一的居民中的一些人将减少肉类消费量。一个每天吃三磅肉的人将设法只吃两磅肉。在这种情况下，他是会感觉到这种减少的，但那一半平时几乎不吃肉的人则不会感觉到这种减少。正如我经常指出的，由于消费的增加，面包价格事实上也将逐渐上涨，但它的上涨幅度将小于肉类。肉类价格的上涨造成了一小部分居民消费量的减少，人们也感觉到了这种减少。但面包价格的上涨造成了所有居民消费量的减少，人们对这一点的感觉就不那么明显了。如果十万人迁居到一个有一千万人口的国家，他们所额外消费的面包需从原有居民中扣除，但在后者所消费的每一百磅面包中只需扣除一磅就够了。当一个人维持生活所需的面包由一百磅减到九十九磅时，他是几乎感觉不到这种减少的。

当肉类消费量增加时，为了获得更多的肉类，租地农场主将扩大牧场。这就减少了可耕地，从而减少了谷物产量。然而，一般而言，许多国家的肉类价格上涨幅度之所以大于面包价格，是因为这些国家通常准许外国谷物自由输入，与此同时却绝对禁止牲畜的输入（如在英国），或对这种输入课以高额进口税（如在其他国家）。这便是在货币充裕的英国，牧场的地租比可耕地的地租高两倍多的原因。

无疑，外交使节、旅游者以及侨居该国的外国人家庭增加了该国的消费量。在有货币流入的所有交换渠道，物价都上涨了。

至于从国外得到的补贴，受惠国或者将根据国家的需要把它们储存起来，或者将把它们投入流通。如果假定它们是储存起来了，那么它们就同我的论述不相干，因为我现在只考虑流通中的货币。贮存的货币、金银器皿、教会珍宝等等是国家准备在紧急情况下动用的财富，但它们却没有什么眼前的用处。如果国家打算把前述补贴投入流通，它就须把它们作为支出花费掉，这肯定将增加消费并使物价上涨。无论什么人收到这笔钱，他都会为了生活中最重要的物品而使它运动起来，这物品就是他自己或其他人的食物，因为任何东西都是直接地或间接地同它相对应的。

第七章 续论同一问题

由于黄金、白银和铜具有内在价值(这种内在价值同在矿井中生产它们时所使用的土地和劳动以及把它们运到没有贵金属矿的国家所需要的费用成比例),一定量的货币,正如其他所有商品一样,其相对于其他商品的价值,是通过市场上的讨价还价决定的。

如果英国首次在交换中使用黄金、白银和铜,货币的价值将根据其在流通中的数量,根据其相对于其他所有商品和产品的交换能力来确定。通过市场上的讨价还价它们将大致达到自己的价值。地主和业主将根据这种估价确定他们的仆人和工人的日工资或年工资,使他们和他们的家庭可以靠工资生活。

现在假设,在英国由于外国使节和旅游者的逗留,进入流通的货币增加了一倍。这批货币将首先流到各种工匠、仆役、业主和其他参与为这些外国人提供设备、娱乐等等的人的手里。制造商、租地农场主和其他业主将感觉到这种货币的增加的影响。它将使一大批人习惯于比以前大的开支,从而导致市场价格的上涨。甚至这些业主和制造商的孩子都会增加开支。由于货币充裕,他们的父母将给他们一小笔钱以便使他们得到一点小小的欢乐。他们将用这笔钱买蛋糕、小馅饼。这笔新的货币将扩散开来,使许多原来不曾同货币打交道的人现在手里也有了一些钱。许多过去通过信用进行的购买,现在用现金进行了。因而,在英国,货币流通速度增加了。

我从所有这些事实中得出的结论是:如果一国中的货币数量

增加了一倍,产品和商品的价格并不总是随之提高一倍。一条沿着河床辗转奔流的河流当水量增加一倍的时候,它的流速并不会随之增加一倍。

在该国物价由于货币量增加而上涨的程度,取决于这一货币所造成的消费和流通状况的变化。新进入流通的货币,无论经过何人之手,必将使消费增加。但其量视情况的不同可能大一些也可能小一些。根据得到货币的那些人的想法,这一货币将或多或少地被导向某些特定的产品和商品。不管货币的充盈程度如何,某些东西的市场价格将比另一些东西上涨得更多。在英国,当谷物价格只上涨四分之一时,肉类价格可能上涨二倍。

英国一向准许从外国输入谷物但却禁止输入牲畜。因此,不管英国的硬币多么充裕,它的谷物价格仅仅稍高于其他货币稀缺的国家,其差额等于从这些外国输入谷物的费用和风险。

牲畜的价格则不同,它必然由用于买肉的货币数量同待售的肉类数量(及在本地饲养的牲畜的数量)之间的比例决定。

一头重八百磅的水牛在波兰和匈牙利卖二到三盎司白银,但在伦敦市场上,它的卖价通常超过四十磅白银。而一蒲式耳面粉的价格在伦敦比在波兰和匈牙利还高不到一倍。

在允许进口的情况下,货币增加所导致的产品和商品价格的增加额仅仅等于运费。但是,在许多情况下,运费可能比物品本身的价值更高,正因为如此,木材在许多地方是没有用处的。正因为运费高昂,许多住在远离首都的地方的外省居民几乎完全放弃了牛奶、鲜奶油、色拉和娱乐等。

我的结论是:在一国流通的货币量的增加总要引起消费的增

加，总要使支出达到较高的水平。但是，这一新增货币所导致的价格上涨并不会与货币数量成比例地，对所有的产品和商品发生同等的影响，除非新增加的货币补充到了货币原来所在的同一流通渠道中；这就是说，除非当流通中的货币量加倍的时候，那些向市场提供两盎司白银的人恰好是(而且仅仅是)过去向该市场提供一盎司白银的人。这种情况是难得发生的。我认为，当大量剩余的货币流入某国之后，这笔货币将使该国的消费发生新的变化，甚至使流通速度发生新的变化。但要确切说明这种新变化的程度则是不可能的。

第八章　关于同一问题的进一步思考

我们已看到，在某国流通的货币数量的增加可以通过下述途径实现：在该国发现的贵金属矿藏的开发，外国提供的补贴，外国人家庭的移居，外交使节和旅游者的驻留，而最重要的是经常性的年度贸易顺差。这种顺差是通过向外国人提供商品并从他们那里换回至少相当于部分价格的黄金和白银而实现的。这最后一种手段能使一国的经济得到最为显著的增长。如果在贸易发展的同时，该国还拥有下述有利条件，即发达的航运、在国内能大量生产充当出口货物和制造品的原料的粗制品，那么，情况就更是如此。

然而，这种贸易的继续进行将使大量货币逐渐流入顺差国并使该国的消费逐渐增加。为了满足这种增加的消费，必须输入许多外国产品，因而每年都有部分顺差被用来偿付这种进口。另一方面，花钱的习惯增加了工人的就业机会并使物价经常上涨。其他一些国家也必定会努力建立自己的同类的制造业，从而停止购买上述国家的制造品。这些新建的手工业或制造业虽然在开始时并不完善，但它们却减缓甚至阻止了邻国向它们国家出口这些产品，因为人们在国内可以用更便宜的价格得到这些产品。

这样，顺差国便开始失掉它在贸易中的一些有利可图的部门；该国的许多工人和工匠看到就业机会减少便离开祖国，到建立了新的制造业的异国去寻找工作。尽管贸易顺差减小了，输入各种产品的习惯还将继续存在。由于该国的物品和制造品享有很高声誉，由于能利用航海的便利以低廉的费用把产品和制造品运到遥远的国度，该国在许多年内，在我们谈到过的新制成品方面，仍能保持优势，它将继续保持一个不大的顺差，或至少能维持外贸平衡。然而，如果其他一些海运国在同一期间也努力使自己的同一些产品和海运事业完善化，那么，由于它的制成品价格低廉，它将夺走前述国家的许多贸易部门。结果，原来的顺差国将开始丧失外贸顺差，并被迫每年把一部分货币送到国外以偿付进口。

不仅如此，即使上述国家在货币极为充盈的情况下能够维持贸易顺差，作以下假设也是合理的，即：随同这种货币的充裕，必将出现许多急于享受奢侈生活的富人。他们将从外国人那里购买名画、宝石、绸缎和其他稀罕物品并为国人树立一个奢华的榜样。因而，尽管该国在普通贸易上占有优势，它的货币每年都要流到国外以偿付这些奢侈品的价款。这将使该国逐渐衰败下去，使它从一个非常强大的国家变成一个非常孱弱的国家。

根据事物的正常进程，当一个国家达到它的富足的顶峰之后（我一直假设各国的相对富裕程度主要取决于它们各自拥有的货币量)，它将不可避免地陷入贫困。只要有货币存在，它就是国家力量的基础。但过于充裕的货币将不知不觉地、同时又自然而然地把这些国家抛入贫困的深渊。因而，当一个国家靠贸易而发展起来，当土地和劳动的价格因货币充盈而上升的时候，君主或立法者似乎应该使货币退出流通，并把它们保存起来以便在紧急时使用；应该试行采用除强制和欺诈之外的各种办法来阻止它的流通，以预防物价过分高涨并防止由奢侈造成的种种弊端。

但是，由于很难确定采取这种行动的适当时机，也很难知道什么时候货币已超过了它为维护国家的优势所应有的充裕程度，君主和共和国的元首们并不关心这类知识，他们只晓得利用国家收入充裕所提供的便利来扩大自己的权力，并以最无聊的借口去侮辱其他国家。但总的说来，他们在使自己统治和管理下的繁荣昌盛永久化，在为自己的权力和财富树立丰碑方面，干得也可能并不那么糟糕。根据人类的自然进程，一个国家肯定会自然而然地衰落下去，他们的所作所为不过是稍许加快了这一衰落过程。然而，他们似乎应该在自己的整个统治时期内，努力使自己的权力维持下去。

使一国货币的充裕程度达到顶点并不需要很多年，使一国因商业、制造业凋敝而陷入贫困则更为容易。且不谈像威尼斯共和国、汉西提克的城市、佛兰德、布拉邦特、荷兰共和国等等的兴衰，它们曾相继在利润丰厚的各贸易部门取得成功；我们可以说，法国的国力只是在 1646 年(那年法国建立了纺织工厂，在此之前布匹要靠进口)到 1684 年是处于增长时期。自从 1684 年一批信奉新教的业主和手工匠被驱逐出境之后，这个王国不断倒退，毫无作为。

我不知道还有什么比土地所有者的租约和地租更好的，用以判断货币充裕和稀缺的尺度。高地租是一国货币充盈的信号。在其他条件相同的情况下，如果地租被压得很低时土地才能租出去，就说明货币是稀缺的。我在《法国状况》上读到，1660 年，在芒特附近，即在离法国首都不远的地方，每英亩葡萄园的租金是二百足值的都尔里弗尔[1]。1700 年租金仅为不足值的一百都尔里弗尔，尽管在这个时期，从西印度群岛流入的白银想必已经提高欧洲的地价。

（《法国状况》的）作者把地租的下跌归因于消费不足。他似乎实际观察到了葡萄酒消费量的减少。但我认为他错把结果当成了原因。其实原因是在于法国货币极为稀缺，这种稀缺的结果自然是消费的减少。我在本概论中已一再强调，与此相反，货币的充裕必然导致消费的增加，而且将比其他任何因素都更为有力地促进土地的利用。当充裕的货币使产品价格上升到相当可观的水平时，居民们便会加紧工作以便得到这些产品。但是，他们不会以同样急迫的心情，去设法获得那些并非生活必需品的产品或商品。

显然，只要能保持货币的充裕性，其流通中的货币多于邻国的任何国家都能对邻国享有优势。

首先，在所有贸易部门，它所给予外国的土地和劳动少于它所取之于外国的土地和劳动。在货币最充裕的国家，土地和劳动的

① 都尔里弗尔（livres tournois）是 13 世纪在法国都尔铸造和流通的里弗尔。——译者

价格(它在任何地方都以货币计量)较高,因而上述国家往往可以用一英亩土地的产品换取别国两英亩土地的产品,用仅仅一个人的劳动换取别国两个人的劳动。因为在伦敦流通的货币十分充裕,所以一个英国绣花工的劳动价格比十个中国绣花工的劳动高,尽管中国绣花工比英国绣花工好得多,每天生产的产品也更多。在欧洲,人们往往感到惊讶;印度人的劳动如此便宜,他们怎么能活下去,他们送到我们这里来的那些精美物品怎么能这么便宜。

其次,在货币充裕的地方,国家的税收比较容易征集,而且同其他国家相比数量也大得多。这就使该国在同货币稀缺的敌国发生战争或争端时,能够享有各种优势。

假设有两个君主,他们因对某国的主权或征服有异议而彼此兴师问罪;其中一个君主拥有很多货币,另一个君主虽没有多少货币但却拥有许多地产,而且其价值两倍于敌人所拥有的全部货币。在这种情况下,前者通过赏赐金钱来笼络将军和军官们比后者通过赏赐价值为前者两倍的土地和财产来笼络他们更为有效。封赏的土地会引起异议,会被收回,不像到手的货币那样可靠。有了钱,甚至可以从国家的敌人手里买到军火和食物。用于秘密活动的金钱可以神不知鬼不觉地支付出去。土地、产品和商品不能达到这些目的,甚至珠宝、钻石也不行,因为它们很容易被认出来。总之,我以为,国家的相对实力和富庶程度,在其他条件相同的情况下,决定于当时当地在这些国家流通的货币的充裕程度。

这里,还有两种增加一国中积极流通的货币数量的方法需要提及。第一种,由业主和私人以一定利息向他们的外国客户借款,或由住在国外的个人把钱寄到该国以购买股份或政府股票等。这些货币往往能形成一个非常庞大的数目，国家每年必须向这些外国人支付利息。这些增加货币的方法使该国的货币更为充裕，并使利率下降。该国的业主发现，通过这笔货币，他们能以更小的代价借钱，因而给人们提供工作和建立工场将是有利可图的。手工匠和所有那些得到货币的人的消费将比尚未因这笔货币而找到工作之时大大增加。同这笔货币如果属于该国所发生的情况一样，消费的增加导致了物价的上涨。由这一原因引起的消费或开支的增加将使靠对消费征税而得到的国家收入增加。虽然以这种方式借给该国的货币能给该国带来许多眼前的好处，但是到头来，其结果永远是令人忧虑的和有害的。该国不仅必须每年向外国人支付利息，而且还要受外国人摆布，因为外国人一旦打算抽回资本，往往会把该国推入困境。当该国最需要钱的时候，如进行战争准备和发生困难的时候，他们肯定是要把资本抽回的。支付给外国人的利息总是要比其借款所造成的国家收入的增加大得多。经常可以看到，这些贷款随着投资者对其投资对象的信任程度的变化而从一国转移到另一国。但老实说，最常发生的事还是：债台高筑的国家，它们在许多年内已支付大量利息，最后仍因无力偿还资本而陷于破产。一旦出现不信任，股票和公债就会跌价。外国持股人不愿亏本出售股票和公债，只好满足于获取利息，希望信心将会恢复。但是这种信心往往再也不会恢复了。在那些衰落下去的国家，大臣们的主要目标通常是恢复外国人的信心，以便吸引以这类贷款形式提供的外国货币。只要政府信守诺言，遵守协议，上面谈到的这种货币就能不间断地流通。这种外国人的货币确实具有增加该国流通中的货币的能力。

这种借贷最初虽能带来眼前的好处,但它的作用是十分短暂的,而且最终还将产生严重后果。为了使国家复兴,必须努力创造稳定的、真实的年度贸易顺差;通过海运事业发展这样一些产品和制造品的生产:每当国家经济恶化,货币短缺时,它们都能以较便宜的价格运到国外出售。商人是首先从中获利的人,其后律师们也将得到其中的一部分,君主和租地农场主则以这些人的牺牲为代价分享这一收入,并根据自己的意愿施行赏赐。当该国的货币过于充裕时,奢侈的风气就会兴起,该国就将随之陷入衰败。

这就是一个拥有资本和勤劳的居民的大国可能经历的大致的循环过程。一个能干的大臣总是能使这种循环重新开始。不需要很多年的努力,这个国家就会获得成功,至少在开始的时候(这是它的最有意思的时期)是这样。增加的货币流通量可以通过许多方法来掌握,但目前的讨论还不允许我马上加以考察。

至于没有多少资本并且只有通过偶然原因和紧急事件才能增加资本的那些国家,要找到什么办法使之依靠贸易而繁荣起来是很困难的。没有任何大臣能使威尼斯共和国和荷兰恢复它们曾一度达到的鼎盛地位。但对意大利、西班牙、法国和英国来说,不管它们一度衰落得多么厉害,通过良好的行政管理或仅仅通过贸易(如果它可以同其他措施分开来的话),它们总是能够重新成为强国,因为如果这些国家的行政管理水平相同,它们的强大程度就仅仅同它们各自拥有的资本和人民的勤劳程度成比例。

我所能想到的增加一国货币实际流通量的最后一种办法是施行暴力和动用武力。这种办法是经常同其他办法结合在一起的;因为在所有和平条约中通常都规定了保留贸易权和能从前者引申出来的各种特权的条款。如果一个国家能够索取贡献或迫使其他一些国家向它纳贡，这当然是一种非常可靠的取得货币的办法。我不打算考察实际运用这一手段的各种办法，而只满足于指出：正如通过贸易繁荣起来的那些国家一样，所有以这种方式繁荣起来的国家最后都不免要衰落下去。通过这种方式，古罗马人曾变得比我们所知道的任何民族都强大。但是，这些罗马人在尚未丧失其庞大财产中的一英寸土地的时候，就由于奢侈而衰败了。他们的奢侈使货币从大帝国流到东方国家；一度在他们中间流通的那些货币的减少使他们每况愈下。

当罗马人还仅仅局限于挥霍他们所支配的庞大财产中的土地和劳动的产品的时候（即大约在罗马建城后的564年打败亚细亚的国王安提欧克斯之前），流通中的货币不但没有减少反而增加了。这是因为国家拥有帝国中的所有金矿、银矿和铜矿。他们占有了亚细亚、马其顿、阿克维勒（Aquilaea[①]）的金矿，以及西班牙和其他国家的丰富的金矿和银矿。他们拥有许多制造金币、银币和铜币的造币厂。罗马人消费从广大的各行省运来的商品和产品，这虽造成了货币流通量的减少，但他们却从各行省得到了价值更高的绘画、雕塑和珠宝。尽管贵族们为了宴饮而大事铺张，为了一条鱼就花掉一万五千盎司白银。但是，各行省通过定期进贡又把这些支出的货币送了回来，更不用说执政官和总督们通过敲诈勒索带回的货币了。因此，所有那些挥霍无度的行为并未减少在罗马流通的货币。在奥古斯都统治下的整个时期，从矿井中开采出

① 疑为Aquileia，罗马帝国的一个城市。——译者

的贵金属每年都在增加罗马的货币流通量。然而，罗马人的奢侈程度已变得十分惊人，他们不仅渴望得到帝国生产的各种珍奇物品，而且渴望得到印度的珠宝。胡椒、香料和阿拉伯的一切奇珍异宝以及那些并非用帝国的原料制成的丝绸也成了罗马人的追求对象。但从矿井得到的货币依然多于帝国为购买所有这些东西而支出的货币。在泰比里厄斯时期，人们开始感觉到货币的短缺。那位皇帝曾在他的金库里封存了二十七亿塞斯特斯[①]。为了恢复流通中的货币的充裕性，他不得不以他的财产为抵押借了三亿。但卡利古拉在泰比里厄斯死后不到一年的时间里就用光了他的所有这些财宝。而在那个时期，在罗马流通的货币达到了最充裕的程度。奢侈的疯狂程度依然有增无已。在历史学家普利尼时期，据他估计，罗马帝国每年至少出口一亿塞斯特斯。这一数目已超过了从矿井中得到的贵金属量。在特拉詹时期，据小普利尼的记载，土地价格已降低了三分之一以上。直至塞弗鲁斯皇帝时期，货币一直在减少。在那个时期，罗马的货币是如此稀缺，以致皇帝建立了无数谷仓却始终无法为他的事业征集足够的金银。这样，在丧失任何财产之前，罗马帝国就由于丧失货币而衰落了。请诸君勿忘奢侈所产生的后果，以及在类似情况下它总会产生的后果。

第九章　论货币利息和它的原因

一如物品的价格是通过市场的讨价还价，由待售的物品数量

① sesterce，古罗马钱币，先为银质，后改为铜质。——译者

和购买这些物品的货币数量的比例决定，或用实质相同的另一说法，由卖主和买主的比例数决定，一国货币的利息也是以同样的方式，由放款者和借款者的比例数决定的。

虽然货币在交换中被当作一种抵押品，但在简单的流通中，它并不能使自己增加或产生利息。似乎是人的需要导致了利息的运用。人们在有安全保证或有抵押的情况下把钱贷出，但他至少仍要冒借款者不守信用或卷入各种法律纠纷和遭受损失的风险。因此，需要借钱的人起先必须以利润引诱放款者。这一利润必然同借款者的需要和放款者的担心与贪欲成比例。我以为这就是利息的来源。但它在各国的经常性运用则似乎是以业主从中所能得到的利润为基础的。

在人类劳动的帮助下，按照土壤的丰度和居民的勤劳程度，土地天然地能生产四倍、十倍、二十倍、五十倍、一百倍、一百五十倍于播种在土地上的种子的谷物。它使水果和牲畜成倍增加。经营土地的租地农场主通常取得产品的三分之二，其中三分之一用于支付各项开支和维持生活，另外三分之一留作他的事业的利润。

如果租地农场主拥有足够的资本经营他的事业，如果他拥有所需的工具和器具、犁地的马匹、使土地长庄稼的耕牛等等，那么，他在支付所有开支后便能自己占有其农场产品的三分之一。但如一个有能力却没有资本的，靠逐日的工资为生的工人能够找到某个愿意把土地租给他或借钱给他买地的人，他就会把这第三份地租的全部或农场产品的第三部分交给贷款者。他将成为那个农场的租地农场主或业主。然而，他会认为自己的地位已得到改善，因为他可以在第二份地租中得到自己的生活费用，他已成为一个师傅而不再是一个雇工。如果依靠巨大的节约、依靠省吃俭用，他就能积累起一点资本，他每年的借贷量就将减少，最后，他将取得第三份地租的全部。

如果这位新业主能设法利用信用购买谷物或牲畜，而且欠款可以拖一个时期，直到他能通过出售农场产品取得收入的时候再偿还，他就会十分高兴地支付比要求付现金的市场价格更高的价钱。这一结果同他借现金购买要求付现金的谷物，并把现金价格和未来应付价格之间的差额作为利息来支付是完全相同的。但无论是借现金还是货物，他都必须有足够的东西留下来充当生活维持费，否则他就会破产。正因为有这种风险，他将被要求为所借货币或产品和商品的价值支付百分之二十或三十的利润或利息。

再举一例，如果一个制帽商拥有用以租用房屋、购买海狸皮毛、羊毛、染料等原料、每周支付工人生活费的资本，因而能够继续经营他的营业，那么，在这一营业中，他就不仅应能得到自己的生活维持费，而且应能像租地农场主得到第三份地租那样得到利润。这一维持费和利润来自帽子的销售，帽子的价格不仅应能抵偿原料价格、制帽商及其工人的生活维持费，而且还应包含上述利润。

但是，一个能干的工匠即使没有资本也能经营同样的制造业。办法是借钱和原料，并把利润转让给任何人，只要那个人愿意借钱给他或把海狸皮毛、羊毛等赊给他，并答应等他卖掉帽子以后再还钱。如果他的欠账已到期，债主就会收回他的资本；如果羊毛商和其他债主不打算再给他提供信用，他就只好放弃自己的营业。在这种情况下，他可能宁愿破产。但如他是谨慎而勤勉的，他也许能够向债主证明，他所拥有的现金或帽子大约相当于他所借来的东西的价值。债主们大概就会继续向他提供信用，而满足于眼前所得到的利息或利润。以这种方式，他将继续干下去，靠着节衣缩食，他大概能逐渐积攒下一点资本。借助于此，他将逐年减少借贷。如果他积攒起足以维持其工场的资本（它永远与其销售额成比例），他就能留下全部利润；如果他不增加开支，他就将逐渐富起来。

应该指出，同他在贸易中的借款金额或信托给他的原料价值相比，这样一个制造商的生活维持费是不多的。因此，如果他是一个值得尊敬和勤劳的人，贷款者就不会冒很大的丧失资本的风险。但借款者很可能并不是这样的人，因而贷款者总是要求他支付相当于贷款价值百分之二十到百分之三十的利润或利息。即使如此，也只有那些对他有好印象的人才会信任他。对于该国的所有师傅、工匠、制造商和其他业主都可以作出同样的归纳。他们所经营的企业的资本都大大超过了他们每年的生活维持费的价值。

但是，如果巴黎的一个运水夫作为自己的劳动的业主开始了他的营业，他所需要的全部资本将是他用一盎司白银就能买到的两只水桶的价钱；因而，他的全部所得就是利润。如果他通过自己的劳动在一年内得到五十盎司白银，他的资本或借贷量同利润之比将为一比五十。这就是说，他将获利百分之五千。而制帽商只能得到百分之五十的利润，却要向贷款者支付百分之二十或百分之三十的利息。

然而，一个贷款者将宁愿以百分之二十的利息借给一个制帽商一千盎司白银，也不愿意以百分之五百的利息借给一千个运水夫一千盎司白银。因为运水夫不仅会把他们每日的劳动所得而且还会很快把借给他们的所有的钱花在维持生活上面。同他们维持生活所需要的东西相比，借给他们的这些资本是不大的。不管他们的工作是多还是少，他们都很容易把自己赚到的钱统统花光。因此，这些小业主几乎不可能得到利润。如果通过一年的艰苦劳动，运水夫得到了一百盎司白银，他的盈余就很可能达到他那充当资本的一对水桶的价值的百分之五千，甚至百分之一万。但是，因为他可能把五十或一百盎司白银用于维持生活，所以只有在知道他把多少白银用于维持生活之后，我们才能知道他所得到的净利润是多少。

要确定业主的利润，永远必须首先扣除他们的生活维持费。我们在租地农场主和制帽商的例子中就是这样做的。但是，在小业主的例子中，它却很难确定。小业主一旦负债，多半是无力偿还的。

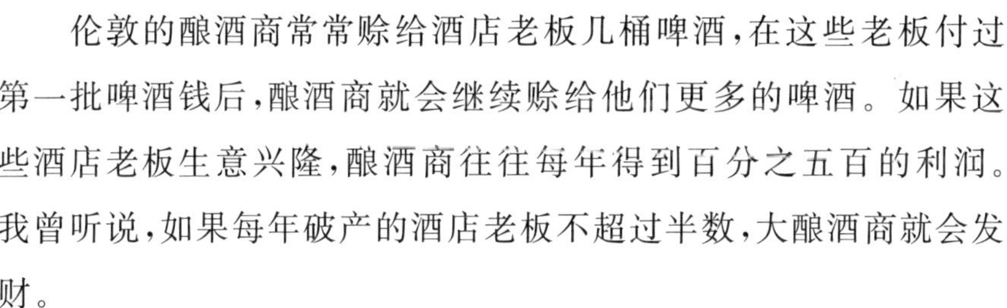

伦敦的酿酒商常常赊给酒店老板几桶啤酒，在这些老板付过第一批啤酒钱后，酿酒商就会继续赊给他们更多的啤酒。如果这些酒店老板生意兴隆，酿酒商往往每年得到百分之五百的利润。我曾听说，如果每年破产的酒店老板不超过半数，大酿酒商就会发财。

一国的所有商人都习惯于把商品和产品在一段时间内赊给零售商，并使他们的利润率或利息率同他们所承担的风险成比例。因为借款人的生活维持费同贷款之间的比例很高，这种贷款的风险永远是很大的。如果借款人或零售商在他的小买卖中不能使资金迅速周转，他就会很快败落下去。由于他把所借来的东西统统用在维持自己的生活上，因而他不得不陷于破产。

那些在伦敦鱼市场买鱼然后再到城里其他地方转卖的卖鱼妇们，通常根据由专业代书人订立的合同，以每畿尼一先令的比率每周付一次利息，相当于年息百分之二百六十。那些经营小生意的巴黎女商贩每借三法郎银币每周要付五个苏的利息，相当于年息百分之四百三十以上。但尽管这样，贷款人也很难因这种高利息而发财。

在一国之中，这样的高利率不仅是允许的，而且在某种意义上也是必要的。那些在街上买鱼的人通过按增加了的价格付款支付了这些高利息。这种价格对他们是合适的，他们对此并无异议。同样，一个工匠喝一杯啤酒所付的价钱，能使酿酒商得到百分之五百的利润。但他对酿酒商提供的方便感到满意，而不在乎这一点小小的损失。

尽管很难认为诡辩学派是判断利息和贸易性质的适当人选，他们却发明了 *damnum emergens* 这个词，借助于这个词他们表达了这样一种一致看法，即他们宁可容忍高利息而不愿破坏社会的习俗和便利。他们同意并允许冒风险放债的人按比例索取高额利息，而且利息率是没有限度的，因为这种交易实际上依赖于放债人的担心程度和借债人的需要程度，他们很难找到某个确定的限度。

漂洋过海的商人，当他们历尽艰险而获得利润的时候，总是受到人们的赞扬，尽管他们的利润可能高达百分之一万。当批发商通过长期信用把产品和商品批发给较小的零售商而获得或根据规定将会获得利润的时候，不管这利润有多高，据我所知，诡辩学派也从来没有把它看作是一种罪恶。他们对于(或似乎对于)硬币贷款持较为审慎的态度，尽管它本质上同前者是一样的东西。但他们还是通过他们所发明的一个有区别的词 *lucrum cessans*，甚至容忍了这些贷款。我把这理解为：一个习惯于在贸易中赚取百分之五百利润的人，当他把钱借给别人时，有权要求得到这一数目的利润。再也没有什么东西比历代的那些有关货币利息的形形色色法律和教义更饶有兴味了。这些法律和教义永远是由一些对贸易几乎一无所知的自作聪明的人制定的，它们也从来没有发生过什么效力。

由这些例子和归纳似乎可以看到，在一国之中存在着许多阶级和许多利息或利润的渠道；在最低的阶级中，与风险较大相对应，利息总是最高。利息随着阶级地位的上升而相应地下降，处于最高等级的是商人。他们不但富有，而且在偿还债务方面声誉颇佳。要求这个阶级支付的利息称为该国的现行利息率。它同土地抵押贷款的利息率相差无几。一个有偿还能力、根基牢靠的商人所开具的票据至少在短期内同土地留置权一样有信用，因为虽说商人可能破产，但土地也可能引起法律纠纷或争执。

如果在一国之中，业主无法利用他们所借到的货币或货物取得利润，利息的应用就可能不像现在这么经常了。在这种情况下，只有那些奢侈浪费的人才会借钱。但是由于人人都习惯于利用业主所提供的便利，因而存在着一个贷款和由此而产生的利息的不变的源泉。他们是耕种土地、为城市所有居民提供面包、肉类、衣物等等的业主。那些为业主工作、以工资为生的人也试图通过彼此间的竞争而成为业主。在中国人中间，业主的数目极大。由于中国人都非常机敏、有经营才干、在完成事业的时候锲而不舍，很多在我们这里要靠固定工资为生的人成了业主。他们甚至在田间向工人提供食物。或许正是由于小业主和来自不同阶级的其他人的数目庞大，由于他们在消费者没有察觉的情况下，通过操纵消费而赚了不少钱，利息率才得以保持在百分之三十的最高水平上。在我们欧洲这一数目几乎不超过百分之五。在梭伦时代，雅典的利息率是百分之十八。在罗马共和国，利息率在多数情况下是百分之十二，有时为百分之四十八、二十、八和六，最低的时候是百分之四。在共和国末期和奥古斯都征服埃及后的统治时期，自由市场上的利息率跌到了前所未有的最低点。安东尼厄斯皇帝和亚历山大·塞万留斯曾以土地为抵押品贷放公共货币，但他们也仅把利息率减少到百分之四。

第十章和最后一章　论一国中货币利息增加和减少的原因

所有在贸易问题上有过论著的人都接受的一个共同思想是，一国中货币数量的增加将压低那里的利息率，因为在货币充裕的时候借钱比较容易。这一思想并非永远是正确的或准确的。证明这一点，只需回忆一下下述事实：1720 年，英国的所有货币几乎都被送到了伦敦，而且投入流通的超过这一数目的银行券大大加速了货币的运动。但货币和通货的这种充裕非但没有使原来为百分之五（和低于百分之五）的利息率下降，反而使它增加到百分之五十和百分之六十。应用在前一章阐明的关于利息的原理和原因，很容易说明利息率的这种增加的原因。这个原因就是：由于南海计划，人人都成了业主，都想借钱买股票，他们预期能取得极高的利润，因而认为支付这样高的利息率是很容易的。

如果该国货币的充裕是放款人造成的，增加放款人的数目无疑将使现行利息率下降。但如它是由挥霍者的介入带来的，它就会造成刚好相反的结果。由于支出的增加，业主将会找到更多的事做，将需要按各种等级的利息借款以便装备自己的营业，这样，由于业主数目增加，利息率将会提高。

一国中货币的充裕与稀缺永远会提高或降低交易之中的一切东西的价格，而不一定与利息率有什么必然联系。在货币充裕的国家，利息率可能很高；在货币稀缺的国家，利息率可能很低；在一切东西都很贵的地方高；在一切东西都很贱的地方低；在伦敦高，在热那亚低。

利息率每天可能仅仅因为谣言而上升或下降。在不因此而影响交换中的物品价格的情况下，谣言趋向于增加或减少放款人的安全。

造成一国的高利息的最常见原因是贵族和土地所有者或其他富人的巨大开支。豪门富户的各种消费通常是由业主和工匠师傅提供的。这些业主几乎永远需要借钱，以便向他们提供消费品。如果贵族预支自己的收入并且举债，他们就将使利息率成倍提高。

与此相反，如果该国的贵族生活节俭，尽可能进行直接购买，即通过他们的仆人而不经中间商购买各种东西，他们就会减少该国的利润和业主的数目，从而减少借债人的数目并使利息率下降。因为这一类业主靠自有资本操作，而尽可能少借款；他们满足于不高的利润，以阻止其他没有资本的人靠借款挤入这些行业。这就是今天发生在热那亚共和国和荷兰的情况，在那里，最高等级的利息率（最优惠的利息率）常常是百分之二，或低于此数。与此同时，在德国、波兰、法国、西班牙、英国和其他国家，由于贵族和土地所有者大手大脚恣意挥霍，这些国家的业主和工匠时常能获得高额利润，因而能够支付很高的利息。如果他们甘冒相应风险从国外进口一切东西，利息率就将更高。

当君主或国家由于从事诸如战争之类的活动而造成巨大开支时，利息率会因双重原因而上升。其一，为了提供军需品，出现了许多大型企业，业主的数目大量增加，借贷需求也相应增加。其二，战争总是包含较大的风险。

与此相反，当战争结束、风险减少的时候，业主的数目也将减少，武器承包商不再这样节省开支，他们将转而成为自己所得货币的贷放者。如果君主或国家这时打算偿还部分借款，利息率就会大大下降。如果他们真能不靠从别处借款就偿还部分债务，就更有保证得到这样的结果，因为债务的偿还增加了处于最高利息等级的放款者的数目，而它又将影响其他所有等级。

如果该国货币的充裕是由持续的贸易顺差造成的，这些货币将首先通过业主之手，它虽然增加了消费，但也必然会降低利息率，因为大多数业主那时已得到继续营业所需的足够的资本，他们不再需要借款，甚至成了自己所得到的超过继续营业所需的那部分货币的贷放者。如果在该国，开支巨大的贵族和富人为数不多，货币的充裕就必将压低利息率，同时提高交换中的货物和商品的价格。这就是通常在各共和国发生的情况，这些共和国既没有很多资本也没有大量地产，它们仅仅是靠对外贸易致富的。但在拥有大量资本和许多大土地所有者的国家，外贸带来的货币增加了他们的地租,并使他们能够承受巨大的开支;这些开支不仅使同外国人做买卖的人而且使许多业主和工匠得以维持生活。在这种情况下,尽管货币十分充裕,利息率依然保持在相当高的水平上。

当贵族和土地所有者因挥霍无度而破产的时候,以其土地为抵押品的放款人往往得到这些土地的绝对所有权。在这个国家中,完全可以认为这些放款人是比实际流通中的货币多得多的货币的债权人。在这种情况下,可以认为他们是那些作为担保而被抵押的土地和货物的第二所有者。否则,一旦借款人破产,他们的资本就会丧失。

同样可以认为,股票和公共基金的所有者是用来支付他们的利息的国家收入的第二所有者。但如由于国家的需要,立法机关不得不把这些收入挪作他用,股票和公共基金所有者就会丧失一切。但在该国流通的货币却不会因此而减少一个苏。

如果君主或该国的行政官员希望通过法律来调节现行利息率,这一调节必须以最高等级或大致相当于此的现行市场利息率为基础,否则法律就不会有效力。因为契约双方只服从竞争的力量,或由放款人和借款人之间的比例所决定的现行价格,他们将会作秘密交易;而法律的限制只能增加交易的困难,从而提高而不是压低利息率。古罗马在颁布了一系列限制利息的法律后,曾通过一条完全禁止放债的法律。但这一法律并不比以前的法律更成功。贾斯蒂尼安的法律规定:贵族索取高于百分之四的利息,较低等级的贵族索取高于百分之六的利息,商人索取高于百分之八的利息,是违法的。这一法律既可笑又不公正,因为它并不禁止在各种商业活动中索取高达百分之五十和百分之百的利息。

如果一个地主冒损失全年地租的风险，以相当高的地租把农场租给一个贫穷的农民是许可的和值得称道的，那么，一个放债人冒不仅损失利息或利润而且损失资本的风险，把货币借给一个急需的借款人，并在借款人自愿同意的情况下规定应付给他的利息，这似乎也是无可厚非的。确实，这种性质的货款会使更多的人陷入不幸。如果丧失了资本和利息，放债人将比并无土地可丧失的租地农场主更难恢复元气。破产法对于借债者非常有利，因而他们不难重振旗鼓。对高利贷法，似乎应当像在荷兰那样，总是根据市场利息率进行调整。

一国的现行利息率似乎是土地购买价格的基础和尺度。如果现行利息率是百分之五或二十分之一，则土地价格也应按此计算。但是，由于土地所有权在该国造成了一种地位和某种管辖权，当利息率为二十分之一的时候，土地价格可能按二十四分之一或二十五分之一来计算，虽然以这同一块土地为抵押的贷款的利息率几乎不超过现行利息率。

总之，土地价格，像其他一切价格那样，是由卖主和买主之间的比例等因素自然地决定的。由于，例如，伦敦的买主比外省的买主多许多，由于住在首都的买主希望在当地而不是在遥远的外地购买土地，他们宁愿以按三十分之一或三十五分之一计算的价格购买附近的土地，而不愿以按二十五分之一或二十二分之一计算的价格购买远处的土地。此外，常常还有其他一些影响土地价格的适当理由，但在这里并没有必要一一提及，因为它们并不影响我们对利息性质所作解释的可靠性。

第三部分

第一章　论对外贸易

当一国在对外贸易中以少量的土地产品换取更多的产品，它看来是得利的。如果那里流通的货币比国外充裕，那么它总是以较少的土地产品换取较多的产品。

当这个国家以劳动换取外国的土地产品，它看来是得利的，因为它的国民依靠外国人的支付来维持生计。

当一国用产品连同劳动换取外国人更多的产品以及同等或更多的劳动，它看来也是得利的。

假如巴黎贵妇人每年消费的布鲁塞尔精细网织品的价值达到十万盎司白银，那么在布拉邦特四分之一英亩的土地（即能生产一百五十磅亚麻，以供在布鲁塞尔制成精细网织品）即可达到这一价值。这需要大约两千个布拉邦特人的一年劳动，来进行从播种亚麻到最终完成精细网织品的几部分工作。布鲁塞尔的精细网织品商人或业主要预先付出资金。他直接或间接地付工资给全部纺纱工人和网织品女工，并偿付为他们制造工具的那些人的部分劳动。所有参与这项工作的人直接或间接地向布拉邦特的农民购买生活必需品，而这些农民又用部分收入向地主缴纳租金。在这经济中，如果这二千人所需的土地为每人三英亩，其产品用于养活他们及其家属（部分地以此为生），则要使用六千英亩的布拉邦特土地来供养从事精细网织品工作的人，其费用都来自购买和穿戴精细网织品的巴黎贵妇人。

巴黎贵妇人要偿付这十万盎司白银，每人按其购买量来偿付。所有这些白银必须以铸币送往布鲁塞尔，仅差汇寄费用。从这笔钱中，布鲁塞尔的业主不仅必须收回全部预付资金以及可能借钱而需付的利息，而且必须获得其事业的一笔利润来抚养家眷。如果贵妇人偿付精细网织品的价格不能包括全部费用和利润，这种制造业就得不到鼓励，业主就会停业或破产。但是鉴于我们已经假设这种制造业将继续存在，那么巴黎贵妇人偿付的价格一定要包括一切开支；而且如果布拉邦特人没有购买法国商品，因而这笔债款没有清偿，那么十万盎司白银必须送往布鲁塞尔。

但是，假如布拉邦特居民喜欢喝香槟酒，而且每年为此消费的价值为十万盎司白银，那么酒项目下的钱款与精细网织品项目下的钱款相抵消，有关这两类贸易的结算就达到平衡。支付和流通则通过各方参与这一贸易的代理商和银行家来实现。

巴黎贵妇人把十万盎司白银付给向她们出售和交付精细网织品的商人。商人把这些白银交给银行家。银行家给他一张或几张汇票，其付款人为银行家在布鲁塞尔的代理行。同时银行家把钱汇给香槟省的酒商，他们在布鲁塞尔存有十万盎司白银。酒商则把具有同等价值的汇票交给银行家，这些汇票是由银行家的布鲁塞尔代理行开出的，其付款人为银行家。于是，在布鲁塞尔支付香槟酒的十万盎司白银就同在巴黎支付精细网织品的十万盎司白银相抵消，这样就可避免把在巴黎收到的钱送往布鲁塞尔和把在布鲁塞尔收到的钱送往巴黎的麻烦。这种抵消是通过汇票来实现的，我将在下一章解释汇票的性质。

同时，这一例子说明，巴黎贵妇人偿付精细网织品的十万盎司白银到了向布鲁塞尔送交香槟酒的商人手中；而布鲁塞尔的香槟酒消费者偿付酒的十万盎司白银落到业主或精细网织品商人的手里。双方的业主又把这笔钱分配给他们所雇用的为制造酒或精细网织品而劳动的那些人。

由此可知，巴黎贵妇人养活了布拉邦特所有从事精细网织品工作的人，并促使那里的货币流通。同样，布鲁塞尔的香槟酒消费者不仅养活了在香槟省参与造酒的葡萄园主和其他人，以及参与运输的造车工人、马蹄铁匠、赶车工人等，还有从事运输的马匹；而且他们偿付了用于造酒的土地产品的价值，并促进香槟省的货币流通。

然而，引起香槟省如此兴师动众的这一流通或贸易，虽然养活了葡萄园管理人、农民、造车工人、马蹄铁匠、赶车工人等等，并如数付租金给葡萄园主和牧场主（其牧场用于饲养拉车用的马匹），但在这个例子中，从结果来看，这种贸易使法国背起包袱，而且无利可获。

如果在布鲁塞尔一缪[①]酒的售价为六十盎司白银，我们假设一英亩葡萄园可产四缪酒，那就必须有四千一百六十六英亩半土

① 缪（muid）是法国古代容量单位，在巴黎一缪等于一千八百七十二公升。——译者

地的产品送往布鲁塞尔才能相当于十万盎司白银[1];而且还得使用大约二千英亩的牧场和耕地,种植拉车的马匹所需的干草和燕麦(如果这些马匹全年只参与这项工作)。所以,大约有六千英亩的土地要腾出来,不能用于生产法国人的生活必需品。而布拉邦特人的生活必需品却增加四千多英亩的产品,因为他们喝的香槟酒节省四千多英亩的土地。倘若他们不喝香槟酒,他们可能把这些土地用于生产啤酒以供饮用。但是,精细网织品以及有关的一切费用仅使布拉邦特人花去四分之一英亩的亚麻。这样,布拉邦特人用一英亩产品连同其劳动,向法国人偿付相当于一万六千多英亩的产品,而且他们所花的有关劳动更少。他们得到的是生活资料的增长,而拿出来的仅仅是不能给法国带来真正利益的一种奢侈品,因为精细网织品在法国穿戴和消耗之后再也不能换取任何有用的东西。根据内在价值的法则,在香槟省用于造酒和养活葡萄园主、制桶工人、造车工人、马蹄铁匠、赶车工人、拉车的马匹等等的土地,应该等于在布拉邦特用于生产亚麻,养活纺纱工人、网织品工人和所有网织品制造业参与者的土地。

但是,假如流通于布拉邦特的货币比流通于香槟省的货币更加充裕,则布拉邦特的土地和劳动更加昂贵,因而双方用白银计量价值时,法国人的损失还要大得多。

这是一类贸易的例子。这类贸易增强了外国人,减少了本国居民的人数,而且在没有引起任何流通的货币外流的情况下,就削弱了这个国家。我选用这个例子是为了更加引人注目地说明,一

① 本段数字有误,原文如此。——译者

国如何在对外贸易中可能受到另一国的蒙蔽欺骗，以及判断对外贸易利弊得失的方法。

对各类贸易的结果采用一一审查的办法，可以使对外贸易得到有益的调整。通过考察特定的例子，总是可以发现，输出一切制造业产品对一国是有利的，因为在这种情况下，外国人总是支付和养活了对这个国家有用的工人；而且总是可以发现，输入的最好收益或支付乃是铸币，在没有铸币的情况下，则是包含最少劳动的外国土地产品。人们经常看到，运用这些贸易方法，土地产品很少的国家可以用外国人的支付来养活大批国民，而大国能使国民更加安居乐业，丰衣足食。

但是，由于大国无需增加居民人数，只要使国民依靠本国的土地产品在那里更加安逸舒适地生活，并为防务和安全增强国家实力，就足够了。为了通过对外贸易做到这一点，就需要尽力鼓励一国的商品和制成品出口，以便尽可能换取代替实物的金银。假如适逢大丰收，国内产品超过每年的一般消费很多，那么鼓励产品出口以换取同等价值的金银，则是有利可图的。这些金属不会像土地产品那样腐烂和消失。人们有了金银，任何时候都可以进口国内缺乏的东西。

然而，假使国家每年习惯于向国外输出大量土地产品来换取外国制成品，那就无利可获了。这会在收支两方面削弱和减少居民与国家实力。

但是，我不想详述为了国家利益应该鼓励哪几种贸易。只要指出任何时候都应努力输入尽可能多的白银就够了。

增加一国中流通的白银数量，而且只要这种货币充裕的状况能够持续下去，就可在对外贸易中给予它很大好处。这样，这个国家就能以少量的产品和劳动换取更多的产品和劳动。它增加税收会更加容易，如有公共需要，筹款亦无困难。

当然，货币不断增加终将因其充裕而引起这个国家的土地和劳动昂贵。从长远来看，商品和制成品的价格将如此高昂，以致外国人会逐渐停止购买，并习以为常地到其他地方购买较之便宜的商品和制成品。这会不知不觉地毁坏这个国家的劳动和制造业。同样的原因（即货币充裕）会使地主提高租金，并使他们养成从可以得到廉价商品的外国进口许多商品的习惯。这些都是自然而然的结果。一国通过贸易、劳动和经济获得的财富，会使它逐渐地沉湎于奢华享乐。凡是依靠贸易兴起的国家，一定会在以后衰落下去。可以采取一些措施来制止这种衰落，但是并未采取。然而，下列一点在任何时候都是正确的：当这个国家确实掌握贸易盈余，并拥有充裕的货币时，它看来是强大的，而且只要这种货币充裕状况继续存在，它在实际上也是强大的。

还可以作出无数归纳来证明关于对外贸易的这些想法和货币充裕的好处。观察英国和中国①的货币流通不平衡，实在令人惊讶。印度人的制成品，如丝织品、印花布和薄纱织物等，尽管经过十八个月的海上航运，在英国的售价却非常低廉。假如印度人愿意购买英国的商品和制成品，英国就要拿出其商品和制成品的三十分之一来偿付印度的制成品。可是，印度人不至于愚蠢得愿意对我们的工作付出高昂的价格。在他们本国，工作做得更好，而且

① 原文如此，从上下文判断应为印度。——译者

成本极为低廉。所以,他们向我们出售制成品时只收现金。我们每年向他们输出现金,使他们的财富增加而我们的财富减少。欧洲消费印度制成品的结果,只能是减少我们的货币和制造业的工作。

美国人向欧洲人出售海狸毛皮时,当然会惊异地发现:用羊毛做的帽子与用海狸皮做的帽子同样经久耐用,而造成如此长途海运的一切相异之处仅仅在于一些人的爱好,即他们认为海狸皮帽子更为轻便,观之更为悦目,摸之更为舒服。但是,由于向美国人偿付这些海狸毛皮时,一般使用钢铁等制品,而不是白银,这种贸易对欧洲并无损害。特别是因为这种贸易养活了工人,尤其是海员,他们对国家的需要来说是非常有用的。然而,同东印度人的制成品贸易却丧失货币,减少欧洲的工人。

必须承认,对荷兰共和国来说,同东印度的贸易是有利可图的。而且,它把这种贸易的损失转嫁给欧洲其他国家,其办法是向德国、意大利、西班牙和新世界[①]销售香料和制成品。它们偿付它的全部货币,除送交印度人以外,还盈余很多。对荷兰颇有好处的是,它用印度的制成品,而不是英国或法国的织物,为其妇女和其他人提供衣服。让印度人而不是邻国富起来,对荷兰来说更为适宜,因为这些邻国从贸易中得利后可能会压迫他们。此外,他们向欧洲其他国家出售用自己原料制造的衣料和小型制成品的价格,比起他们在本国出售和消费的印度制成品的价格要贵得多。

在这方面,英国和法国如果要仿效荷兰,那将是错误的。这些

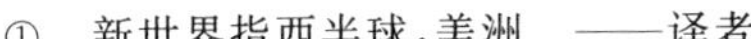

① 新世界指西半球,美洲。——译者

王国在国内具有用自己的原料向妇女提供衣服的手段。虽然它们的织物比印度制造业织物的价钱贵,它们仍应制止人民穿着外国衣料。它们不应让自己的商品和制成品减少,也不应变成依赖外国人,更不应让它们的货币为此目的而外流。

但是,鉴于荷兰人已找到在欧洲其他国家出售印度商品的办法,英国人和法国人也应该这样做。无论是削弱荷兰的海军力量,还是加强自己的海军力量,首先要做到在各类消费中没有荷兰的帮助也能应付自如。这些王国里的不良习惯已使这样做成为必要。在能用自己的产品向人民提供衣服的欧洲王国里,允许穿着印度织物显然是不利的。

正如一国鼓励外国制成品是不利的那样,鼓励外国海运业也是不利的。当一国把商品和制成品送往国外时,如果用自己的船只运输,就能充分得益。这样,它可以养活一大批海员,他们同工人一样有益于国家。但是,假如让外国船只来运送货物,那就会增强外国的海运业而削弱自己的海运业。

海运业是对外贸易中必不可少的一个环节。在整个欧洲,荷兰人的造船费用最为低廉。木材顺着河流漂运给他们。由于同北方邻近,他们获得桅樯、木材、柏油、绳缆等供应的费用较少。他们的风车用于锯木,使工作简便,有一架锯木的风车每天可以节省八十人的劳动。此外,他们航海时使用船员较少,水手的生活费用低微。

由于这些有利条件,只要费用一直低廉,他们就可以成为欧洲独一无二的海运商。假使他们有足够的本国原料来发展广泛的商业,那么毫无疑问,他们会有欧洲最兴旺的海运业。但是,如无国家的内在实力,人数众多的海员不足以使他们的海军取得优势。假如该国过去用大量收入建造船只和支付船员工资,那么他们永远也不会使军舰和水手武装起来。市场扩大可使他们事事得利。

英国为了防止荷兰凭借费用低廉加强海上优势,从而损害它的利益,已下禁令:任何国家向英国输出的商品,必须是它们自己生产的,而不能是其他国家的商品。这样,荷兰无法充当英国的运输商,英国人就加强了自己的海运业。虽然他们的海运费用超过荷兰,但国外货物的财富使这些费用变得不太大。

法国和西班牙是海运国家,它们有丰富的产品运往北方,并有货物和商品从那里运来。但它们的海运业同产品和海岸线相比,实在微不足道。这不足为奇,因为它们让外国船只运来它们从北方输入的一切货物,并运走北方国家从它们那里得到的商品。

法国和西班牙这些国家的政策并不考虑如何用有利的办法进行贸易。在法国和西班牙,同外国人打交道的大部分商人,与其说是为自己利益经商的冒险者,倒不如说是外国商人的代理商或办事员。

诚然,北方国家由于所处的位置,以及邻近出产造船所需全部材料的国家,它们能使一切货物的运费比法国和西班牙便宜。但是,如果这两个王国采取措施加强海运业,这一障碍并不能阻挡它们。英国早已在一定程度上向它们作了示范。它们在国内和殖民地拥有造船所需的一切材料,至少就地制造这些材料并不困难。而且,如果立法机关或政府部门赞成某项政策,就有许许多多的办法可以采用,使这种政策取得成功。我的本题不允许我在这一概论中详细考察这些办法。我只想指出:在贸易不能经常保持大量船只和养活大批水手的国家里，君主若无一笔大得可以罄尽国库的款项，要保持一支强盛的海军几乎是不可能的。

在结束本章时，我想作如下评述：对于一国实力的兴衰来说，最重要的贸易是对外贸易；国内贸易在政治上并不具有同样重大的意义；如果不注意增加和保持大批作为本国公民的商人，以及船只、水手、工人和制造商，对外贸易就仅仅得到一半支持；而且，至关重要的是，任何时候都必须注意保持对外贸易的盈余。

第二章　论交换及其性质

在巴黎市内，通常把钱币从一家运送到另一家的运费为每袋（一千里弗尔）五苏。若有必要把钱币从郊区圣安托万运至残废军人院，运费要多一倍以上；而且倘使找不到大体上值得信赖的搬运钱币的工人，那么运费还要多。如果路途中常有强盗出没，就要雇用护送的人来运送大量的钱币，其运费更大。假如有人甘冒风险并且自理费用来运送钱币，那么他会要求按照这些费用和风险相应地收取运费。所以，从鲁昂到巴黎和从巴黎到鲁昂的运费为每袋（一千里弗尔）五十苏，用银行术语来说，就是百分之零点二五。银行家一般使用牢固的小桶来运送钱币。由于它们用铁制造，而且笨重，强盗们很难搬走。鉴于这条路上一直有传送邮件的车辆，在两地之间运送大量钱币的运费并不很大。

假如一方面马恩河畔的夏龙市每年向为国王课税的收税官缴纳一万盎司白银；而另一方面，夏龙市和邻近地区的酒商通过代理商向巴黎出售香槟酒的价值为一万盎司白银；如果在法国每一盎司白银通过贸易需交五里弗尔，那么在巴黎和夏龙两地，上述一万盎司总额将各交五万里弗尔。

在这个例子中，收税官有五万里弗尔要送往巴黎，而夏龙酒商的代理商有五万里弗尔要送往夏龙。如果各方会聚一起，进行安排，就可以用抵消或所谓汇票的办法来避免这种双向交易，或者说双向运输。

让夏龙酒商的代理商向巴黎税务局的出纳员交付五万里弗尔(各人交付自己的部分)。出纳员给他们一张或几张支票或汇票，其付款人为夏龙的收税官，而且见票即付。代理商则签署汇票并转交夏龙酒商。这些酒商可向夏龙的收税官提取五万里弗尔。这样，在巴黎的五万里弗尔就交给巴黎税务局的出纳员，而在夏龙的五万里弗尔则付给该市的酒商。通过交换或抵消，可以省却把钱币从一个城市运到另一个城市的麻烦。如果不用这个办法，也可以让在巴黎存有五万里弗尔的夏龙酒商把汇票交给收税官。收税官把它们签发给巴黎税务局的出纳员，出纳员就在那里收取这笔钱款。而夏龙收税官则按酒商的汇票，把它在夏龙持有的五万里弗尔付给酒商。不管用哪一种方法实现抵消，无论是从巴黎开出汇票让夏龙付款，还是从夏龙开出汇票让巴黎付款，在这个例子中，都是按一盎司对一盎司，五万里弗尔对五万里弗尔进行支付的，这种交换可谓票面价值相等。

在夏龙酒商和占有夏龙地区土地的巴黎贵族的代理人之间，在夏龙酒商或向巴黎运交货物、商品并在那里存有钱款的其它商人和从巴黎取得商品并在夏龙出售的其他商人之间，都可以采用同样的办法。假如这两个城市之间有一宗大的贸易，银行家会在

巴黎和夏龙开业，同双方的有关方面建立联系，为一个城市向另一个城市必须送交的支付款项充当代理人或中介人。然而，如果从夏龙运到巴黎并在那里确实出售而换得现金的一切酒和其他货物、商品，比起在夏龙收到的赋税总额，巴黎贵族在夏龙收取的租金，以及从巴黎运到夏龙并在那里出售而换得现金的货物、商品，在价值上前者超过后者五千盎司白银或二万五千里弗尔，那么，巴黎的银行家就必须用货币把这笔款项送往夏龙。这就是两个城市之间的贸易余额，或者说贸易差额。我认为这笔钱必须以铸币送交夏龙。这项业务将按如下办法或一些类似的方式进行。

夏龙酒商和把货物、商品从夏龙运往巴黎的其他商人，在销售以后的所得款项，到了巴黎的代理商或代理银行的手里。他们得到命令把这笔钱汇给夏龙。但是，他们没有冒险运钱的习惯，因而求助于税务局的出纳员。出纳员给他们支票或汇票，其付款人为夏龙的收税官，票面价值最多可以达到出纳员在夏龙持有的款项，一般来说两者相等。可是，由于代理商还需要向夏龙送交钱款，他们会求助于银行家，因为他可以支配巴黎贵族在那个地区所占土地的租金。银行家同税务局的出纳员一样，给他们汇票，其付款人为他在夏龙的代理行，票面价值最多可以达到在夏龙由他支配并得到命令送往巴黎的专款数额。这种抵消也是依据票面价值相等作出的，除非银行家因其承担的麻烦，想从请求他向夏龙送钱的代理商和责成他从夏龙送钱到巴黎的贵族那里，牟取一些小额利润。假使银行家在夏龙还可支配从巴黎运到这里销售换得现金的商品的价值，那么他也将开出同等价值的汇票。

但是，在我们假设的例子中，夏龙商人的代理商在巴黎仍持有二万五千里弗尔。他们接到命令把超出上述所有款项的这笔钱汇给夏龙。如果他们把这笔钱交给税务局的出纳员，他会回答说，他在夏龙没有更多的专款，不能向他们开具由该市付款的汇票或支票。如果他们把钱交给银行家，他会告诉他们，他在夏龙没有更多的专款，因而无法提取，但是假如他们愿意为交换付钱百分之三，他就开出支票。代理商则表示愿意偿付百分之一、百分之二，最后到百分之二点五就难以再增。达到这一价格，银行家就决定给予他们汇票，即：如果他们在巴黎偿付二里弗尔十苏，他就开出一张一百里弗尔的汇票，其付款人是他的夏龙代理行，期限为十天或十五天，以使代理行能够拿出银行家要它支付的二万五千里弗尔。银行家得到这个交换比率之后，采取邮寄或运送的办法，用金币，如无金币则用银币，把这笔款项送交代理行。他对于每袋一千里弗尔的钱币要付出十里弗尔的费用，用银行术语来说就是百分之一。他还要付佣金给夏龙代理行，每袋一千里弗尔为五苏，即百分之零点五。自己留下百分之一作为利润。在此情况下，从巴黎向夏龙的交换高于票面价值百分之二点五，因为对于每一百里弗尔的钱币要付出二里弗尔十苏，作为交换的佣金。

几乎都是采用这种办法，使贸易差额通过银行家从一个城市送到另一个城市，而且一般来说规模很大。并非一切带有银行家名号的人都习惯于做这些交易，其中许多人只是赚取佣金和进行银行投机。我所说的银行家仅指汇寄款项的那些人。正是他们始终对交换作出规定，至于收费则随不同情况中运送铸币的费用和风险而定。

对巴黎和夏龙之间的交换确定的收费，在高于或低于票面价值上很少超过百分之二点五或百分之三。可是，当铸币必须从巴黎运至阿姆斯特丹时，收费要达到百分之五或百分之六，因为路程更长，危险更大，卷入的代理行和佣金代理商也更多。从印度到英国，收费达百分之十至百分之十二。从伦敦到阿姆斯特丹，在和平时期很少超过百分之二。

在我们现在的例子中，在巴黎确定的同夏龙的交换可以说高于票面价值百分之二点五，而在夏龙确定的同巴黎的交换可以说低于票面价值百分之二点五。因为在这些情况中，在夏龙交付钱款以换取向巴黎开出汇票的人，仅仅拿出九十七里弗尔十苏以便在巴黎收到一百里弗尔。显而易见，只要交换继续在这种基础上进行，交换高于票面价值的城市或地方就负债于交换低于票面价值的城市或地方。在巴黎确定的同夏龙的交换之所以高于票面价值百分之二点五，仅仅是因为巴黎负债于夏龙，清偿债务的钱款必须从巴黎运至夏龙。这就是为什么人们通常看到一个城市同另一个城市相比交换低于票面价值时，可以断定另一个城市对这个城市欠有贸易差额。如果马德里或里斯本同所有其他国家的交换高于票面价值，就表明这两个城市必须向其他国家运送铸币。

许多地方和城市使用的货币和金银币与巴黎、马恩河畔的夏龙、伦敦、布里斯托尔使用的货币和金银币相同。在所有这些地方和城市里，人们采用在高于或低于票面价值上付出或收进多少的百分比，来了解和讲明对交换收取的费用。当在一地付出九十八里弗尔而在另一地收进一百里弗尔时，人们就说交换大约低于票面价值百分之二；当在一地付出一百零二里弗尔而在另一地只收进一百里弗尔时，人们就说交换正好高于票面价值百分之二；当在一地付出一百里弗尔而在另一地收进一百里弗尔时,人们就说交换的票面价值相等。这一切都不是深奥玄妙的。

但是,当两个城市或地方的货币差别很大,铸币的大小、成色、制法和名称都不一样,因而对交换作出调整时,乍看很难解释交换的性质。然而,从本质上说,这种交换同巴黎和夏龙之间的交换相比,其不同之处仅在于银行家们的行话。在巴黎,人们谈论同荷兰的交换时,是计算一埃居(三里弗尔)[①]兑换多少荷兰丹尼尔(denier)。可是,巴黎和阿姆斯特丹之间的交换平价,一直是一百盎司金银兑换同样重量和成色的一百盎司金银。在巴黎付出一百盎司而在阿姆斯特丹收进一百盎司,总是确定为高于票面价值百分之二。从事汇寄贸易差额的银行家,任何时候都必须知道如何计算平价。但是,用汇总的语言来说,在伦敦制定的同阿姆斯特丹的兑换价格,是根据在伦敦付出一英镑而在银行收进三十五荷兰埃斯克林(escalin)来确定的;在伦敦制定的同巴黎的兑换价格,是根据在伦敦付出三十丹尼尔或便士而在巴黎收进一埃居或三都尔里弗尔来确定的。这些谈论方法并没有说交换是否高于或低于票面价值,但汇寄贸易差额的银行家能清楚地计算出来,而且知道他付出的本国货币能换取多少外国货币。

我们在伦敦对英国白银确定兑换时,无论使用莫斯科公国的卢布、汉堡的马尔卢布(Marcs Lubs)、德国的元(Richedale)、佛兰德的里弗尔、威尼斯的达卡(Ducat)、热那亚或里窝那的比塞塔(Piastre)、葡萄牙的密尔莱(Milleray)或克鲁塞德(Crusade)、西班

① 埃居(écu)是法国古代钱币,一埃居约合三里弗尔。——译者

牙的八枚[①]、皮斯托尔(Pistole)等等,同所有这些国家的交换平价总是一百盎司金银兑换一百盎司金银。用汇兑的语言来说,如果有人付出的钱多于或少于这个平价,那么这同人们说交换高于或低于票面价值多少,在实效上并无二致。而且,正如巴黎和夏龙的例子所说明的,我们总是可以知道,英国对同它的交换已经清算的地方,是否欠有贸易差额。

第三章　进一步解释交换的性质

我们已经了解,交换是根据铸币的内在价值即平价来进行调整的,而且在必须用铸币送交贸易差额时,从一地运往另一地的费用和风险引起了交换的变化。在事实上和习惯做法上有目共睹的事情是无可争辩的。对于这种习惯做法,银行家有时作了精心巧妙的改进。

假如英国欠法国十万盎司白银的贸易差额,而法国欠荷兰十万盎司白银,荷兰又欠英国十万盎司白银,那么这三笔款项可以由三国各自的银行家通过汇票予以抵消,各方无须送交白银。

倘若荷兰在1月份向英国输出商品的价值为十万盎司白银,而英国于同月向荷兰输出商品的价值仅为五万盎司白银(我假设双方在1月份完成出售和支付),那么在这个月荷兰应有五万盎司白银的贸易差额。1月份在伦敦确定的同阿姆斯特丹的交换为高

① 西班牙的八枚(Pieces of Eight of Spain)是旧时西班牙银元。一个八枚银元等于八个一里尔(real)银币。——译者

于票面价值百分之二或百分之三。用汇兑的语言来说，12 月份同荷兰的交换是票面价值相等，即在伦敦一英镑等于三十五埃斯克林，到 1 月份则升至约三十六埃斯克林。然而，当银行家把这笔五万盎司白银的差额送交荷兰时，在伦敦确定的对阿姆斯特丹的交换自然会降至票面价值相等，即三十五埃斯克林。

但是，如果一个英国银行家在 1 月份能预见到：由于有超出常例的大量商品被运往荷兰，因而在 3 月份出售货物和向英国汇款的时候，荷兰将欠英国很大一笔债务。在 1 月份他就不会汇给荷兰他在这个月所欠荷兰的五万埃居或盎司，相反，他将交给他在阿姆斯特丹的业务联系人期限为两个月的汇票。通过这种方法，他可以靠外币兑换而获利。因为在 1 月份外汇高于平价，在 3 月份低于平价。这样，不用把一个苏运到荷兰他就能够借以得到收益。

这就是银行家所谓的投机。这种投机经常在短期内，并在脱离贸易差额制约的情况下，引起交换的变化；但从长期来说，人们必定要回到贸易差额上来，它决定着恒定不变和普遍适用的交换规则。虽然银行家的投机和信用往往会拖延一个城市或国家向另一个城市或国家送交所欠款项，但最后它总得还债，总得用铸币把贸易差额送至所欠的地方。

假如英国在同葡萄牙的贸易中经常享有差额，而在同荷兰的贸易中总是失去差额，那么英国同荷兰和同葡萄牙的交换比率将显示这一点。人们可以看到，在伦敦确定的对里斯本的交换为低于票面价值，葡萄牙负债于英国。人们也可看到，对阿姆斯特丹的交换则高于票面价值，英国负债于荷兰。但是从这交换中，人们还不能看到负债的数额，也看不到葡萄牙以白银偿付的差额是否多于或少于必须向荷兰送交的款项。

但是，有一件事总会在伦敦显示出来，即英国是否享有还是丧失总的贸易差额（所谓总的差额是指英国同所有外国贸易的各别差额的差额）。这就是生金银的价格，尤其是金的价格（这是由于金币和银币之间的比例不同于市场上金银的比例，下一章将作解释）。假如伦敦市场（英国的贸易中心）的生金价格低于伦敦塔（那里制造畿尼或金币）的价格，或者在内在价值上与这些铸币的价格相同，而且如果人们把生金运到伦敦塔换取同等价值的畿尼，或者说刚出厂的铸币，那么这确凿无疑地证明，英国在总的贸易差额上是得利的。这表明英国从葡萄牙取得的黄金，不仅足以偿付英国对匈牙利、瑞典、莫斯科公国和其他国家所欠而送交的差额，而且还可剩余一些黄金送往制币厂。所以，从伦敦塔制造铸币的数量或款额，可以得知这种总的贸易差额的数量或款额。

但是，倘若伦敦市场的生金售价高于伦敦塔的价格（通常一盎司为三英镑十八先令），人们就不再把生金送往制币厂。这种迹象毫无疑问地说明，英国从国外（例如葡萄牙）取得的黄金不足以偿付对其他国家所欠的款项。这证明总的贸易差额对英国不利。要不是英国禁止把金币输出国外，人们是无从知道这一点的。然而，这种禁律导致胆小怕事的伦敦银行家，宁愿以一盎司三英镑十八先令至四英镑的价格，购取生金出口（他们把生金输出国外是国家允许的），而不愿触犯法律和冒没收的危险，以三英镑十八先令的价格把畿尼或金币送往国外。他们中有些人曾冒此危险，有些人则把金币熔化后作为生金块送往国外。因此，在总的贸易差额不利于英国时，要判断英国失去多少黄金是不可能的。

在法国，制造硬币的费用是扣除的，通常为百分之一点五，这就是说，硬币的价格总是高于没有制成硬币的金属。若要知道法国在总的贸易差额上是否失利，只要了解银行家是否把法国硬币送往国外就行了。如果他们这样做了，就证明他们买不到生金块以供出口，因为生金块的价格虽然在法国低于硬币，在外国却至少高于硬币百分之一点五。

虽然除了一国和其他国家之间的贸易差额以外交换很少变更，虽然这一差额很自然只是一国向其他国家输出的货物、商品的价值和从这些国家输入的货物、商品的价值之间的差额，但是，经常会有一些情况和偶然原因，引起一国向另一国送交数额很大的钱款，而不涉及商品或贸易问题。这些原因对交换的影响犹如贸易差额对交换的影响一样。

属于这种性质的款项有：一国送往另一国的用于谍报活动和政治目的、补贴盟国、供养军队、大使和出外旅行的贵族等的钱款；一国公民送往另一国的投入公共或私人基金的资金；以及这些公民每年从这种投资中回收的利润，等等。交换随着所有这些偶然原因而变化，并且遵循运送所需白银的规则。在考察贸易差额时，不能脱离这一类情况，也确实很难脱离。它们对一国中流通的货币的增减，对一国的相对实力和威力，肯定会有影响。

我的本题不容许我阐述这些偶然原因的影响。我始终只谈有关贸易的通俗见解，以免使我的本题复杂化，因为与此有关的大量事实已使我的本题深受拖累。

随着运送钱币的费用多少和危险大小，交换相应地在票面价值之上或多或少地上升。姑且承认这一点，那么在禁止输出货币的城市或国家里，交换在票面价值之上的上升程度，同允许自由输出货币的城市或国家相比，自然要大得多。

假设葡萄牙每年固定地消费大量的英国毛织品和其他制成品，用于本国人民和巴西人民的需要；它用酒、油等偿付这些商品的一部分，至于剩余的付款，则有贸易差额从里斯本定期汇给伦敦。倘使葡萄牙国王严禁向国外输出生金银，违者严惩不贷，不仅是没收，而且要处死，那么这种严刑峻法首先将使银行家停止插手运送差额的业务。在里斯本，英国制成品的价格就会受到控制。英国商人无法从里斯本收到钱款，就不再向那里输送毛料。其结果，毛料价格变得非常昂贵。虽然在英国毛料的价格没有上涨，但它们不再运往里斯本，因为它们的价值得不到补偿。没有毛料则难以度日的葡萄牙贵族和其他人，甘愿出高于通常价格一倍的价钱来获取毛料。可是，如果他们不把钱款送出葡萄牙，他们就得不到足够的毛料，因而毛料价格的上涨会给不顾禁令而输出金银的人带来利润。这就鼓励形形色色的犹太人和其他人甘冒生命危险，把金银送到停泊于里斯本港口的英国船上。起初，他们在这种交易里可以牟取百分之百或百分之五十的利润，这是由葡萄牙人偿付毛料的高昂价格所支付的。他们做这种交易经常得手之后，便渐渐地熟悉这种勾当。最后人们就会看到，向英国船上运送钱款所需的费用达到钱款的百分之二或百分之一。

葡萄牙国王制定了法律，或者说禁律。他的国民，甚至廷臣，却为绕过和逃避这项法律所冒的危险付出代价。因而，这样的法律不会带来任何好处。恰恰相反，它给葡萄牙造成了真正的损失，因为它导致国内货币流向国外，其数额比没有这种法律时更多。

靠这种勾当牟利的那些人，不论是犹太人还是其他人，都把利润送往国外。他们在获得绰绰有余的利润后，或听到风声而惶恐不安时，常常逃往存钱的地方。

如果在这些作奸犯科的人中有些人被当场捕获，丢货丧命，则此情此刑非但不能阻止货币输出，反而会助长这种趋势。因为那些人原来在输出货币时满足于得到百分之一或百分之二的利润，现在却要索取百分之二十或百分之五十的利润。所以，为偿付差额而输出货币一定会一直继续下去。

对于毫不知晓贸易的人，我不知道是否讲清了这些理由。对于有实际贸易知识的人，我知道他们理解一切事情也不比前一种人来得容易。他们对这样的事情感到惊讶是正当的：国家统治者和大的王国里掌管财政的官员，对交换的性质了解甚少，竟然禁止输出生金块和金币、银币。

一国保持生金块和金银币的唯一办法是，经营好对外贸易，使国家不致失去差额。

第四章 论充当货币的金属，与价值相对应地变化

假如金属像水一样能普遍地找到，人人可以随心所欲地取用，金属就几无价值。数量最多和采冶困难最少的金属最为便宜。铁看来是最必需的东西，但由于它在欧洲能普遍地找到，比找铜所遇到的困难和所花的劳动少，因此铁便宜得多。

铜、银和金是通常用来制造货币的三种金属。铜矿最为丰富，

占用的土地和所花的劳动较少。当今最丰富的铜矿是在瑞典，那里偿付一盎司银需要八十盎司铜。还应看到，有些矿采出的铜比其他矿采出的铜更为纯净，更有光泽。日本和瑞典的铜就比英国的铜更加光亮。在罗马时代，西班牙的铜优于塞浦路斯的铜。然而，黄金和白银，无论从哪个矿里开采出来，冶炼后总是一样完美。

铜的价值，像其他任何东西的价值一样，与土地和花在采冶中的劳动成正比。铜通常用于制造罐、壶、锅、盘、锁、厨房用具等等。除此之外，几乎所有国家都在小额交易中把铜用作货币。在瑞典，当白银稀少时，铜甚至用于数额很大的支付款项。在罗马的最初五个世纪里，铜曾经是唯一的货币。到 484 年[①]，才开始在交换中使用白银。当时在制币厂，铜和白银的比例定为七十二比一。在制造铸币中，铜和白银的比例，512 年是八十比一；537 年为六十四比一；586 年为四十八比一；在德鲁萨斯统治时期的 663 年和萨拉统治时期的 672 年，为五十三又三分之一比一；在马库斯·安东尼厄斯统治时期的 712 年和奥古斯都统治时期的 724 年，为五十六比一；在尼罗统治时期的公元 54 年，为六十比一；在安东尼厄斯统治时期的公元 160 年，为六十四比一；在康斯坦丁时期的公元 330 年，为一百二十或一百二十五比一；在贾斯蒂尼安时期的大约公元 550 年，为一百比一。从那时以来，在欧洲制币厂里，这个比例总是在一百比一之下变化。

今天，当铜币仅仅用于小额交易时，无论是把铜和锌熔合成黄

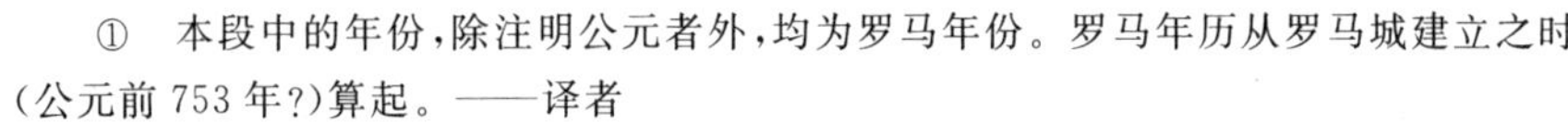

① 本段中的年份，除注明公元者外，均为罗马年份。罗马年历从罗马城建立之时（公元前 753 年?）算起。——译者

铜(如在英国),还是在铜中掺入少量白银(如在法国和德国),比例一般定为四十比一,然而铜的市场价格和银的市场价格通常为八十或一百比一。其原因是,一般从铜的重量中扣除制币的费用。当这种小额货币不太多而不能实现一国中的小额交换时,尽管铜币或合金铜硬币的内在价值有不足之处,它们仍可毫无困难地流通。但是,若要使它们在外国流通,人们只能按铜和铜银合金的重量来接受。甚至在一些国家里,由于执政者的贪得无厌或孤陋寡闻,为了进行小额交易,也把数量极大的这种小额货币投入流通;还下令在进行大额付款时,即使人们不愿意,也要收进一定限度的小额货币;而且,在银币中小额货币是要打折扣的,就像西班牙用于大额付款的辅币[①]和阿地特(Ardites)那样。然而,在进行小额购买时,小额货币总是可以毫无困难地流通。通常付款本身的数额小,损失就少。这就是为什么人们很容易接受小额货币,而且,在一国内,铜以高于铜的重量和内在价值来同小额银币交换。但在其他国家不是这样,每个国家都以自己的铜币来进行小额交易。

金银像铜一样,其所包含的价值同采冶它们所需的土地和劳动成正比。假如这些金属制成货币的费用由公众承担,那么条金和金币的价值以及条银和银币的价值完全相等,它们在市场上的价值和在制币厂的价值也相同,而且它们在一国的价值和在外国的价值始终一样。这还取决于重量和成色,倘若金属纯净,并无合金,就取决于重量。

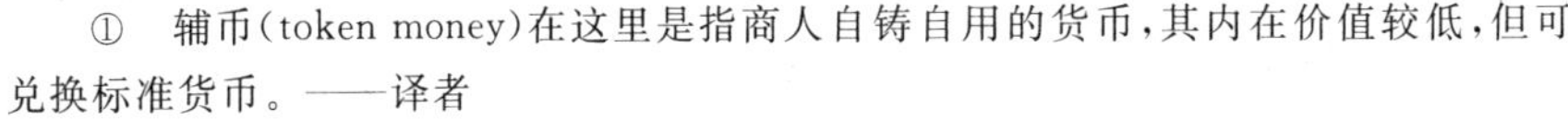

① 辅币(token money)在这里是指商人自铸自用的货币,其内在价值较低,但可兑换标准货币。——译者

人们发现银矿总是比金矿丰富，但不是在任何国家和任何时候都是这样。购买一盎司黄金总是需要几盎司白银，有时多些，有时少些，看这些金属的充裕和对它们的需求程度而定。在罗马年份 310 年，在希腊购买一盎司黄金需要十三盎司白银，这就是说，金和银是一与十三之比；在罗马年份 400 年左右，是一与十二之比；在罗马年份 460 年，在希腊、意大利和整个欧洲是一与十之比。一比十的这个比例看来延续了三个世纪，到罗马年份 767 年即公元 14 年奥古斯都驾崩为止。在泰比里厄斯统治时期，黄金变得稀少，或者说白银变得充裕，比例又逐渐上升至一比十二、十二又二分之一和十三。在康斯坦丁统治时期的公元 330 年和贾斯蒂尼安统治时期的公元 550 年，比例是一比十四又五分之二。以后的情况就颇为模糊了。有些著作家认为，在某些法国国王统治时期，比例是一比十八。在秃子查理统治时期的公元 840 年，金币和银币的比例定为一比十二。在圣路易斯（崩于 1270 年）统治时期，比例为一比十； 1361 年为一比十二；1421 年为一比十一以上；1500 年为一比十二以下；大约在 1600 年为一比十二；1641 年为一比十四；1700 年为一比十五；1730 年为一比十四点五。

在过去一个世纪里，从墨西哥和秘鲁运来的大量金银，不仅使这些金属更加充裕，而且使黄金同更加丰足的白银相比，增加了价值。所以，在西班牙制币厂，比例仿照市场价格确定为一比十六。欧洲其他国家的制币厂也紧跟西班牙的价格，按照制币厂厂长的想法和见解，有的是一比十五又八分之七，有的是十五又四分之三、十五又八分之五等。但是，由于葡萄牙从巴西取得大量黄金，比例又开始下降，如果制币厂里不是这样，那么至少在市场上是这样。这使白银比过去增加了价值。此外,从东印度群岛[①]运来大量的黄金,换取欧洲的白银运回那里,因为在印度比例低得多。

今天,金和银的比例,在拥有许多银矿的日本是一比八;在中国是一比十;在这边的印度群岛[②]的其他国家是一比十一、一比十二、一比十三和一比十四,更接近西方和欧洲的比例。但是,如果巴西的金矿继续供应那么多黄金,比例最终很可能下降到一比十,即使在欧洲也是这样。或许有人会说这个比例不是机缘而是其他事情造成的,我则认为上述情况是最自然的。可以十分肯定,在欧洲、亚洲和非洲的全部金矿和银矿为罗马共和国开采最多的时候,一比十的比例是最稳定的。

如果所有金矿通常的产量为银矿产量的十分之一,也不能因此缘故而使得两种金属之间的比例为一比十。这种比例始终取决于需求和市价。富人可能喜欢把金币而不是银币放在衣袋里,可能养成使用镀金和黄金饰物而不是白银饰物的嗜好。这样,黄金的市价就会上升。

也不能考虑以一国中发现的金银数量来确定这些金属之间的比例。假设在英国比例为一比十,流通的金银数量为二千万盎司白银和二百万盎司黄金,这就相当于四千万盎司白银;再假设在二百万盎司黄金里,英国向外输出一百万盎司,换回一千万盎司白

① 东印度群岛(East Indies),旧时地名,有两义。广义包括印度、印度支那半岛、马来半岛和马来群岛。狭义为马来群岛(即我国旧称南洋群岛)。文中指前者。——译者

② 印度群岛(Indies),旧时指东印度群岛或西印度群岛(即北美洲和南美洲之间的群岛)。文中指前者。——译者

银，那就有三千万盎司白银和仅仅一百万盎司黄金，总额仍等于四千万盎司白银。如果考虑盎司的数量，那就有三千万盎司白银和一百万盎司黄金。因此，如果比例是由两种金属的数量决定，它就会是一比三十，但这是不可能的。邻国的比例是一比十，所以只要拿出一千万盎司白银，加上少许运费，就可把过去为换取一千万盎司白银而输出的一百万盎司黄金收回国内。

因此，要判断黄金和白银之间的比例，只有市场价格才是决定性的。需要把一种金属换成另一种金属的那些人的数目和愿意进行这种交换的那些人的数目决定了比例。它往往取决于人的一时爱好，讨价还价则草草了事，不费周折。我还认为，除了这条规则以外，人们想不出任何其他规则来确定比例。至少我们知道，在习惯做法上，就像在价格上和其他一切东西的价值上一样，这条规则是决定性的。外国市场对金银价格的影响超过对其他任何货物或商品的价格的影响，因为运输任何东西都不像运输金银那样比较容易，损失较少。假如英国和日本之间有经常性的自由贸易，并在贸易中经常雇用一批船只；又假如所有方面的贸易差额都相等，即在价格和价值上，英国向日本输出的商品和从日本输入的商品始终一样多，那么最终结果将是从日本输出所有黄金来换取白银，而且日本的金银比例将定得与英国的比例相同，仅仅还要看海运的风险，因为在我们的假设中海运费用是靠商品贸易支付的。

如按英国为一比十五和日本为一比八的比例计算，从英国向日本输送白银并运回黄金可以得利百分之八十七以上。但是，按正常情况说，这个差额不足以偿付如此漫长和艰难的航运所花的费用。如果从日本运回商品，而不是用白银换取黄金，则更为合算。各国金银比例的差异，只是由运输金银的费用和风险造成的。在最邻近的国家里，比例的差别很小，国与国之间的差额为百分之一、百分之二或百分之三。从英国到日本，所有这些比例的差额的总额达百分之八十七以上。

金的价值和银的价值之间的比例是由市场价格决定的。金银币所含价值的比例也是以市场价格为基础的。如果市场价格变化很大，铸币的市场价格就必须进行调整，以便跟上市场价格。如果不这样做，流通就会陷入混乱和失调状态，一种或另一种金属铸币的买价就会高于制币厂的价格。在古代这样的例子不胜枚举。英国就有一个相当新近的例子，这是由伦敦制币厂所作的规定造成的。那里，一盎司白银（纯度为十二分之十一）值英币五先令二便士。由于金和银的比例（过去仿照西班牙定为一比十六）下降到一比十五和一比十四点五，一盎司白银的售价为英币五先令六便士，而畿尼金币仍按英币二十一先令六便士的价格继续流通。这种情况导致了在流通中未曾磨损的全部白银克朗[1]、先令和便士从英国输出。到1728年[2]，银币变得如此稀少（仅剩下磨损得最坏的硬币），以致人们兑换一畿尼金币要蒙受近百分之五的损失。这样，在贸易和流通中产生的麻烦和混乱，迫使财政部要求伦敦塔制币厂厂长享有盛名的艾萨克·牛顿爵士提出报告[3]，就为纠正这种失调所应采取的最为适宜的措施，阐明他的想法。

这事再容易不过了，只要遵循伦敦塔制造银币时白银的市价

① 克朗(crown)，英国旧制五先令硬币。——译者

② 参阅第178页。

③ 牛顿报告注明的日期是1717年9月21日。

即可。根据法律和伦敦塔制币厂的规定，旧时的金银比例为一比十五又四分之三，因此只需按已经降至一比十五以下的市价相应地减少银币的重量即可。为了预防每年巴西黄金引起金银比例的变化，甚至把比例定在一比十四点五的基础上，也是可能做到的。1725 年法国曾经这样做，英国本身或迟或早也要这样做。

诚然，英国通过减少金币的名义价值，也能同样地把铸币调整到市场价格和市场比例。这就是艾萨克·牛顿爵士的报告所采取、其后由议会通过的政策。然而，正如我所要解释的，这是自然因素最少而不利因素最多的政策。首先，提高银币价格更为自然。原因是公众已在市场上这样做了，一盎司白银在制币厂只值英币六十二便士，而在市场上则值六十五便士以上；而且，除了在流通中重量已经大减的银币外，其余的银币都已输出。其次，鉴于英国欠外国人钱，如果提高银币价格而不是降低金币价格，对英国的不利就会减少。

假设英国所欠外国人投资于公共基金的资金为五百万英镑[①]。同样还可假设，外国人按市价用黄金支付这笔款项，其兑换率为一畿尼合二十一先令六便士，或用白银支付这笔款项，其兑换率为一盎司白银合英币六十五便士。

所以，按一畿尼合二十一先令六便士计算，外国人支付这五百万英镑时付出四百六十五万一千一百六十三畿尼。但是，现在兑换率下降为一畿尼合二十一先令，因而需要偿还的资金为四百七十六万一千九百零四畿尼，英国损失了十一万零七百四十一畿尼，

① 根据旧制，一英镑为二十先令，一先令为二十便士。——译者

还不算每年偿付利息方面的损失。

牛顿针对这种异议答复我说，根据王国的基本法律，白银是真正和唯一的货币本位，因此不能加以变动①。

这个问题容易回答：公众通过习惯和市价已经改变这项法律，它已不成其为法律；既然这样，就无须一丝不苟地遵守它，以致给国家带来损害，使偿付外国人的钱款超过他们应得的数额。倘使人们认为金币不是真正的货币，那么黄金早就会促进变化，就像在荷兰和中国那样。在荷兰和中国，黄金被视为商品而不是货币。假如把银币的价格提高到市场价格，而不触动黄金，则外国人不会受到任何损失，流通中也会有大量的银币。这些银币早应在制币厂里制造出来，而现在，不到作出一些新的安排之时是不会制造出来的。

由于减少黄金的价值(牛顿的报告使它从二十一先令六便士降至二十一先令)，一盎司白银在伦敦市场的售价，实际上不再是过去的六十五便士和六十五点五便士，而是六十四便士。然而，鉴于它要在伦敦塔制成硬币，一盎司白银在市场上就定值为六十四便士。如果把它送到伦敦塔制成硬币，它的价值就不超过六十二便士。所以，白银不再送往那里。这造成南海公司损失几个先令或五分之一克朗，即损失市场价格的差额，但它们一经投入流通就立即消失。今天，在流通中再也见不到充分保持制币时重量的银币，只能见到磨损的和在重量上不超过市价的银币。

但是，白银的价值继续在市场上不知不觉地上升。在上述贬

① 在这里，牛顿先生为了形式而牺牲了内容。

值之后仅值六十四便士的一盎司白银，又在市场上上升至六十五点五和六十六便士。为了做到有银币流通，并使伦敦塔造出银币，如果不愿遵循正常途径把银币调整到市场价格，就又有必要把畿尼金币的价值从二十一先令降至二十先令，从而使偿付外国人时的损失达到已经损失的两倍。只有市场价格才能自然地形成黄金价值和白银价值之间的比例，正如形成其他一些价值的比例一样。牛顿把畿尼降低到二十一先令，其意仅在于防止失去仍在流通的重量小和磨损的硬币，而不是为金币和银币确定它们价格的真正比例。所谓真正比例，我指的是由市场价格确定的比例。在这些事情上，市场价格始终是试金石。它的变化缓慢得使人们有足够时间对制币厂进行调整，并防止流通出现混乱。

在一些世纪里，白银的价值同黄金的价值相比是上升的。在其他世纪里，黄金的价值同白银的价值相比是上升的。康斯坦丁时代的情况就是这样。他认为黄金价值更有永久性，因而使其他一切价值都服从于它。但是，一般说来，白银的价值更有永久性，而黄金的价值容易发生变化。

第五章　论铸币在名义上的增值和贬值

根据我们已经证实的原则，在交换中流通的货币数量（流通的快慢也考虑在内），确定和决定一国中一切物品的价格。

可是，在法国所实行的增值和贬值中，我们经常看到如此奇怪的变化，以致可以假设市场价格同铸币的名义价值而不是交换中的铸币数量相对应，即同记账货币中都尔里弗尔的数量而不是马克[1]和盎司的数量相对应。这与我们的原则似乎是截然相反的。

假定像1714年所发生的那样，一盎司白银或埃居以五里弗尔的市价流通，国王发布诏令，在二十个月内埃居每月贬值百分之一，使它的名义价值降至四里弗尔而不是五里弗尔。鉴于该国的风气，让我们看一看这种做法会自然地产生什么结果。

在贬值时期，所有欠钱的人会赶紧还钱，以免因贬值而遭受损失。业主和商人会感到借钱容易，这就使能力最低和信用最差的业主和商人决心发展他们的事业。他们按心意借取无息债款，并按现行价格购贮大量商品。由于他们的需求激增，价格进一步上升。小商贩要使商品脱手以取得货币则有困难。货币的名义价值在他们手中肯定会减少。因而他们转向外国商品，进口了可供几年消费的大量外国商品。所有这些促使货币流通更加迅速，并导致一切物品的价格上涨。于是，高昂的物价使外国人不能像往常那样从法国取得商品。法国积压了自己的商品，同时进口了大量的外国商品。这种做法就是法国必须把大量铸币送往国外来偿付贸易差额的原因。

这种不利状况必然在交换比例中反映出来。通常可以看到，在贬值时期交换不利于法国的程度为百分之六和百分之十。在这段时期，明智的法国人会积贮货币。国王则有办法借取许多钱款。他甘愿损失这些钱款中贬值的数额，打算到贬值终结时用增值的办法使自己得到补偿。

① 马克(mark)，旧时欧洲的金银计量单位，一马克通常等于八盎司。——译者

鉴于会有这种结果，在数次贬值之后，人们开始把钱存入国王的金库，以便推迟付款，推迟缴纳年金和军饷。在这种情况下，由于国王和许多人积贮货币，由于铸币的名义价值贬低，到贬值终结时货币变得异常稀少。钱款的送往国外对货币的稀缺也有很大影响。这种稀缺渐渐地造成业主所积存的大量商品出售时比第一次贬值时所通行的价格低百分之五十或百分之六十。流通进入了混乱状态。很难找到足够的货币送往市场。许多业主和商人宣告破产，其商品以低廉的价格售出。

因而，国王重新增加铸币价值，把新发行的一埃居或一盎司白银定为五里弗尔，并开始用这种新的铸币支付军饷和年金。旧的铸币不再作为货币，由制币厂按低于名义价值的价格回收。国王则利用差额获利。

但是，制币厂所制造的新铸币的全部数额并不能使流通中的货币恢复丰裕状态。个人积贮的数额和送往国外的数额大大超过制币厂制造的铸币在名义上增加的数额。

法国的商品便宜，开始把外国人的钱吸引到那里。外国人发现法国商品便宜百分之五十、百分之六十，甚至更多，就把生金银送到法国来购买商品。这样，把生金银送往制币厂的外国人，通过在那里为生金银交税，可以使自己容易地得到补偿。外国人发现有双重好处：他购买的商品价格低廉，而且制币厂收费所造成的损失实际上落到向外国人出售商品的法国人身上。法国人拥有的商品足够消费几年。他们把商品，例如香料，重新卖给荷兰人，但荷兰人所付的钱仅是他们过去偿付的三分之二。这一切都是逐渐发生的。外国人之所以决定从法国购买这些商品，只是因为它们便宜。在贬值时不利于法国的贸易差额,到增值时变为有利于法国。从运到法国并送往制币厂的全部生金块中,国王能够获利百分之二十,甚至更多。由于现在外国人欠了法国贸易差额,而他们在本国没有新发行的铸币,因此不得不把生金块和过去发行的铸币送往制币厂,以取得新的铸币来付款。但是,外国人欠法国的这种贸易差额,仅仅是他们从法国进口廉价商品所造成的。

在这些交易中,法国处处上当受骗。在贬值时,它以很高的价格偿付外国商品。在增值时,它又以很低的价格把这些商品卖给原先向它出售的外国人,并廉价出售在贬值时保持高价的自己的商品。所以,贬值时流出法国的全部货币难以在增值时流回法国。

如果国外有人伪造新发行的铸币(几乎任何时候都有这种情况),那么法国就会损失百分之二十,即国正确定的制币厂收取的费用。外国人得利这么多,而他们还从法国廉价商品中得到更多的利润。

国王通过征求制币税获利很多,然而,为了让他获利,法国却付出三倍的钱款。

人们很容易理解,当现行的贸易差额有利于法国而不利于外国人时,国王通过发行新的铸币和增加铸币的名义价值,就能征税百分之二十,甚至更多。可是,假如在发行这种新的铸币和铸币增值时贸易差额不利于法国,那么这种行动就不会成功,国王也不会从中牟取暴利。原因是,在这种情况下,必须不断地把货币输往国外。但是,在外国旧的埃居和新的埃居一样有效。既然是这样,犹太人和银行家就会对旧的铸币的出售悄悄地给予贴水或酬金,从而,能够以高于制币厂价格的价格出售旧铸币的人,就不会把它们送往制币厂。在制币厂,他们对他的一埃居只给约四里弗尔。而银行家给他的,最初是四里弗尔五苏,随后是四里弗尔十苏,最后是四里弗尔十五苏。增加铸币价值可能失败就是这样发生的。在公布贬值之后又增值时,这种情况则很难发生,因为那时贸易差额自然地变为有利于法国,这一点我们已作解释。

1726 年增值的经验,可以用来证明这一切。这次增值之前的贬值,是在没有先兆的情况下突然实行的,它阻碍了一般性的贬值行动。这使贸易差额在 1726 年增值时不能有力地转变为有利于法国,很少有人把旧的铸币送往铸币厂,因而原先指望的制币税利润不得不舍弃。

我的本题范围不包括解释大臣们突然贬低铸币价值的原因,也不包括解释他们在筹划 1726 年增值时上当的原因。我之所以谈到法国的增值和贬值,仅仅是因为其结果有时似乎违背我已证实的原则,即一国中货币的充裕或稀少使一切物价相应地上涨或下跌。

在解释法国所实行的铸币贬值和增值的效果以后,我坚持认为它们既没有打破也没有削弱我的原则。原因是,倘若有人对我说,在上述贬值之前值二十里弗尔或五盎司白银的东西,到增值之后甚至不值新铸币的四盎司或二十里弗尔,那么我会表示同意而毫不背离我的原则,因为正如我已解释过的,流通中的货币比贬值之前少了。在我们谈及的时期和行动中,交换的困难引起物价和货币利息的变化,这在流通和交易的一般原则中,不能作为一条规则。

货币的名义价值的变化,无论何时都是一国中某些灾难或匮乏的结果,或者是某些君主或个人的野心的结果。在罗马年份157年,在一次骚乱和取消债务之后,梭伦增加了雅典德拉克马[①]的名义价值。在罗马年份490年至512年期间,罗马共和国几番增加铜币的名义价值,使他们的一阿斯[②]价值达到过去的六阿斯。其借口是满足国家的需要和清偿第一次布匿战争[③]招致的债务。这必然引起极大的混乱。663年,护民官利维厄斯·德鲁萨斯增加银币的名义价值八分之一,即降低其含量八分之一。这种做法给予了伪造货币者在交换中制造混乱的机会。在罗马年份712年,作为三执政官之一的马克·安东尼增加白银的名义价值百分之五,即在白银中掺铁,以满足三头政治[④]的需要。此后,许多帝王都曾贬低和增加铸币的名义价值。不同时期的法国国王也做过这种事情。这就是过去值一磅重白银的都尔里弗尔降至价值很小的原因。这些做法必然引起国家混乱。只要铸币的名义价值恒久不变,名义价值多少就无甚紧要,甚至毫无关系。西班牙的皮斯托尔值荷兰的五里弗尔或弗罗林[⑤],约值法国的十八里弗尔,值威尼斯的三十七里弗尔十苏,值帕尔马[⑥]的五十里弗尔。在这些不同的国家之间,价值是按相同的比率进行交换的。在铸币的名义价

① 德拉克马(drachma),古希腊银币名,也是现代希腊货币单位。——译者

② 阿斯(as),古罗马铜币名。——译者

③ 布匿战争(Punic Wars)是古罗马和迦太基争夺地中海西部统治权的战争,共三次,分别发生于公元前264至前241年、公元前218至前201年、公元前149至前146年。最后罗马获胜。——译者

④ 指公元前43年古罗马第二次三头政治(Triumvirate),包括马克·安东尼、屋大维和李必达。——译者

⑤ 弗罗林(florin),荷兰银币名,亦称盾。——译者

⑥ 帕尔马(Parma)现为意大利城市。——译者

值增加时，一切物品的价格逐渐上涨。铸币在重量和含量方面的实际数量(流通的速度也考虑在内)，则是价值的基础和调节者。一国增加或贬低铸币价值，只要保持同样的铸币数量，就不会有何得失。当然个人可能由于这一变化而有得失，视其债务而定。对于铸币的名义价值，人们充满错误的偏见和虚妄的想法。我们已经在有关交换的一章里说明，衡量它们的永恒不变的尺度，乃是不同国家中流通的货币在马克与马克、盎司与盎司进行交换时的价格和含量。如果说在法国名义价值的增加和贬低一度改变这个尺度，那么这仅仅是在危机和贸易困难的时期。名义价值总会一点一点地回到内在价值。在市场上和对外汇兑中，价格必定回到内在价值。

第六章　论银行及其信用

假如有一百个节俭的绅士或地主，每年从积余中拿出钱款以备在必要时购买土地。他们每人把一万盎司白银存在金银器商人或伦敦银行家那里，以免放在家里有麻烦或可能招致偷窃。金银器商人或伦敦银行家给他们见票即付的票据。他们往往让钱长期存在那里，即使购买一些土地，也会提前一段时间告知银行家，以便在手续和法律文件完成之时拿到钱。

在这种情况下，银行家从全年所收的十万盎司中，能经常贷出九万盎司，而手中只需保持一万盎司来应付全部提款。他必须同富裕而又节俭的人打交道，必须在一方要求他付出一千盎司时，另一方即能送来一千盎司。按通例来说，他手里保持十分之一的存款就够了。在伦敦已有这样的例子和经验。上述这些人把十万盎司中的绝大部分存在银行家那里,而不是整年保留在手里,这种做法使十万盎司中的九万盎司进入流通。这就是人们对这类银行的效用所能形成的主要想法。银行家或金银器商人对加速货币流通也发挥了作用。他们贷放货币,收取利息,自担风险,然而他们随时作好准备,或者说应该随时作好准备,在遇到提款要求时能付出现金。

倘若一人必须向另一人偿付一千盎司,这人会给他一张写明这一款额的银行家票据作为付款。他也许不去要求银行家付出这笔款子,而是保存这张票据,并在必要时给予第三者作为付款。所以,这张票据可能在用于大额付款时转手好几次,而每个人都很久不到银行家那里要求提款。只有不完全相信银行家的人,或有几笔小额款项要偿付的人,才会要求提取这笔款子。这是第一个例子,其中银行家的现金只有交易的十分之一。

假如有一百个人或地主,每半年得到收入时就把它存在银行家那里,在需要花钱时再要求收回钱款,那么,银行家用每半年开始时所收而未还的钱款在几个月的短期内贷放出去的能力,会比这些时期接近终结时贷放的能力大得多。他从存户做法中得来的经验告诉他,全年能贷出的钱款难以超过他所收钱款的一半。倘使这类银行家在持票人首次出示票据时不能立即付款,那么他们的信誉就会丧失殆尽。因而,当他们手中缺乏现金时,他们会不惜一切代价来立即取得钱款,这就是说,他们偿付的利息比已经贷出的钱款所收的利息高得多。因此,他们根据经验制定了一条规则,即无论何时手中都必须保持足够的钱款来应付提款要求,而且宁多勿少。在这类银行家里(他们人数最多),许多人始终把存在他们那里的一半存款保持在手中,而贷出附有利息的另一半存款,让它进入流通。这是第二个例子,其中银行家在十万盎司或埃居的票据中,使五万埃居进入流通。

如果他有很大的存款流量和很好的信誉,当能增强人们对其票据的信心,和缓人们兑取现金的急切心情。但是,当票据落到通常不同他作交易的人们之手时,他虽有很大的存款流量和很好的信誉,也只能使他的付款推迟几天或几周。无论何时,他应该按惯于把钱委托给他的那些人的做法来指导自己的业务。倘使他的票据落入同行手中,那么他们会急不可耐地向他提取钱款。

假如存钱在银行家那里的是业主和商人,他们每天存入大笔钱款,不久又提出,那么就会经常发生这样的情况,即,如果银行家转往别处的钱款超过其现金的三分之一,他会感到难以应付提款要求。

通过这些例子很容易理解,金银器商人或银行家能够贷出的附有利息的钱款数额,或者说能够从现金中挪用的钱款数额,当然要与存户的习惯和做法相适应。虽然我们看到有些银行家持有相当于存款十分之一的现金储备而安然无恙,但其他银行家,尽管其信誉同第一类银行家一样好,所持钱款却难以少于存款的二分之一或三分之一。

有些人相信这个银行家,有些人相信那个银行家。最幸运的则是这样的银行家,其存户为富裕的绅士,这些人始终谋求把他们的钱款用于稳妥之处,而无意在等待时投资牟利。

综合性国民银行同单个金银器商人开设的银行相比,有这样一个好处，即人们总是更为信任国民银行。即使从城市最偏僻的地区运出最大数额的钱款，人们也愿意把它们存在国民银行。通常留给小银行家的只是附近地区的小额存款。甚至在君主并不拥有绝对权力的国家里，国家的收入也存在国民银行。这丝毫不会损害、相反只会增加银行的信誉和对它的信赖。

假如国民银行用过户或转账的办法来进行支付，就会有这样一个好处，即付款不会受到伪造票据的损害。但如银行家给予票据，假票据就有可能制造出来，从而引起混乱。还会有这样一个坏处，即，那些住在市区而远离银行的人，尤其是住在乡村的人，宁愿付出和收进货币而不愿到银行去。如果银行票据分布于各处，则无论远近都可使用。威尼斯和阿姆斯特丹的国民银行只用记账存款来进行支付，而伦敦国民银行则用信贷、票据和货币来支付，由个人选择，所以它是当今实力最为雄厚的银行。

因此可以理解，城市里的银行，无论是国家的还是私人的，其极大的好处是加速货币流通，使几段间歇中自然会积贮的那么多货币不至于积贮起来。

第七章　进一步解释和探讨国民银行的效用

探究威尼斯银行和阿姆斯特丹银行在记账时为何采用不同于通用货币的记账货币，把这些记账存款兑换成通用货币时为何始终要有贴水，无甚重要意义。这对流通来说，毫无实际用处。在这方面，英国银行没有仿效这种做法。它的账目、票据和付款都是以通用铸币来支付和记账的。我认为，这种铸币更加统一，更加自然，而用处毫不逊色。

对于平时存入这些银行的钱款金额，以及它们的票据、账目、贷款和留作储备的钱款的金额，我都未能得到确切的信息。在这些问题上信息更为灵通的人，更有能力探讨它们。然而，鉴于我还算知道这些款额并不像一般设想的那样巨大，对它们提出看法，我在所不辞。

假如英格兰银行的汇票和票据（我认为是最多的）平均每周达四百万盎司白银，约为一百万英镑，又假如他们满足于经常保持四分之一的储备，即二十五万英镑，或一百万盎司银币，那么对于流通来说，这家银行的效用相当于增加该国货币三百万盎司或七十五万英镑。我所说英国银行的票据和汇票有时上升到二百万英镑。但是，我看只有在发生异乎寻常的意外事件时才会这样。我认为这家银行的效用一般相当于在英国流通的全部货币的大约十分之一。

有人曾用1719年威尼斯银行收入的粗略数字向我作过解释。如果这种解释是正确的话，那么可以笼统地说，国民银行的效用绝不会相当于一国中流通的通用货币的十分之一。这就是我在那里查明的大致情况。

威尼斯国的收入可能每年达四百万盎司白银。这些钱款必须用银行货币交付。为此目的而设置的收税官，在贝加莫和大多数遥远的地方以货币收税。他们交付给共和国时，不得不把这些货币换成银行货币。

根据法律，在威尼斯对谈判、购买和销售的一切支付款项，凡高于某一不大的金额者，都必须用银行货币进行支付。在交易中收取通用货币的所有零售商，都被迫用通用货币来购买银行货币，以支付大额款项。而有些人为了开销或小额货币的零花而需要收回通用货币，则不得不出售银行货币来取得通用货币。

人们发现，当银行账簿上的全部存款或者说记名证券的总额不超过大约八十万盎司白银的价值时，银行货币的卖者和买者经常是相等的。

根据向我提供消息的人的说法，时间和经验已使威尼斯人认识到这一点。在最初开设银行时，人们把钱送到银行，使之变成具有同等价值的银行货币的存款。以后，由于共和国的需要，这笔存入银行的款项被花掉了。可是，银行货币仍保持原来的价值，因为需要购买银行货币的人同需要出售银行货币的人一样多。最后，国家因钱款缺乏，把作为银行货币的存款，而不是白银，给了战争承包商，使国内的存款量增加一倍。

因此，银行货币的卖者人数大大超过买者人数。同白银相比，银行货币的票面价值开始下降，而且降低百分之二十。这种信誉丧失使共和国的收入减少五分之一。为补救这种失调而想出的唯一办法是，把国家的部分收入作抵押，来借取附有利息的银行货币。由于借取银行货币，其中一半消去，卖者和买者大致相等，因而银行恢复原先的信誉，银行货币的总额又回到八十万盎司白银。

正是通过这样的途径，人们才发现，威尼斯银行对于流通的效用相当于大约八十万盎司白银。如果假设共和国的全部通用货币达八百万盎司白银，那么银行的效用相当于这白银量的十分之一。

看来，设在大的王国或国家首都的国民银行，由于同各省相距遥远，对流通的效用所作的贡献，必然小于设在小国的国民银行。

而且，当流通于大国的货币比其邻国更加丰裕时，大国的国民银行则成事不足，败事有余。虚构和假想货币的丰裕，同流通的真实货币的增加相比，所引起的不利之处是一样的。因为前者使土地和劳动的价格上升，或者说，使产品和制成品更加昂贵，并有损失随之而来的危险。而在首次突然丧失信誉时，这种暗昧的丰裕就消失不见，从而促使失调加剧。

在路易十四王朝接近中期的时候，流通于法国的货币多于邻国。那里，国王的岁入是在没有银行帮助的情况下收取的，同今天英国在英格兰银行的帮助下收取岁入相比，一样容易和方便。

假如在里昂四个集市中有一个集市的汇划结算达八千万里弗尔，又假如汇划结算仅以一百万现款开始和结束，那么，毫无疑问，这笔钱款可以提供极大的便利，省去把白银从一家运往另一家的无数麻烦。但是，除此之外，由于有了开始和结束汇划结算的这笔一百万现款，看来在三个月内支付八千万里弗尔的全部款项是很可能办到的。

巴黎的银行家经常注意到，在他们付出和收进大量钱款时，同一个钱袋在同一天之内返回他们那里达四五次。

我认为，在小国和白银相当稀少的国家里，国营银行具有巨大的效用，但是，对于大国的实在利益来说，国营银行的用处很少。

泰比里厄斯皇帝是一位严厉和节俭的君主。他在帝国国库中积贮了二十七亿塞斯特斯，折合二千五百万英镑或一亿盎司白银。这对当时甚至今天来说，都是一笔数额巨大的钱币。当然，由于囤贮那么多钱，他造成了流通困顿，罗马的白银比过去更加稀少。

泰比里厄斯把这种稀少归咎于包揽代收帝国岁入的承包商和

金融家的垄断。他发布一项诏令,规定他们至少要以三分之二的资金购买土地。这项诏令不但没有使流通活跃起来,反而促使它彻底失调。所有的金融家都囤贮和收回他们的资金,其借口是使自己有能力购买土地来执行诏令。由于流通的白银稀少,土地不但在价值上没有增加,相反在价格上下跌甚多。泰比里厄斯向具有良好担保的个人仅仅贷出三亿塞斯特斯(等于他在国库中拥有的钱款的九分之一),就消除了白银稀缺现象。

如果这九分之一的国帑足以在罗马恢复流通,那么,在一个大的王国里建立一家综合性银行,看来就不会有真正和长久的益处。在这个大的王国里,当货币未被囤贮时,一家综合性银行的效用决不会相当于流通的货币的十分之一。从货币的内在价值考虑,建立综合性银行只能视为争取时间的一种权宜之计。

然而,真正增加流通的货币数量则具有不同的性质。我们已经谈过这一点,而泰比里厄斯的国库使我们有必要在这里再说几句。泰比里厄斯驾崩时留下二十七亿塞斯特斯,他的继承者卡利古拉皇帝在不到一年的时间里,就把这份财富滥用得一干二净。罗马的货币曾经空前未有地那样丰裕。结果怎样呢?这笔巨额货币使罗马人沉湎于奢侈豪华的生活,也沉沦于为偿付这种生活费用而犯下的五花八门的罪行。每年为购买印度人的制成品而流出帝国的钱超过六十万英镑。在不到三十年的时间里,帝国虽然没有割让或失去一个省份,但是渐渐变穷了,那里的白银非常稀少。

虽然我认为在大国里综合性银行实际上无甚实在效用,但我仍然估及,在有些情况下,银行可以产生似乎惊人的影响。

在公债数额很大的城市里,银行提供的方便能使任何人在转瞬间买卖巨额股本，而不会引起流通紊乱。假如在伦敦有人卖出南海公司的股票，以便买进银行或东印度公司的股票，或者希望不久能买进南海公司的价格更低的股票，他就总是收取银行票据。一般来说，人们不会要求对这些票据付出钱款，只是要求付出票据的利息。由于任何人几乎不会花用自己的本金，所以不需要把它换成铸币。可是，任何人总得要求银行付出货币来支付生活费用，因为小额买卖需要现金。

假如一个土地所有者有一千盎司白银，他用其中的二百盎司偿付公债券利息，自己花用八百盎司，这一千盎司就总要换成铸币。这个土地所有者将花其中的八百盎司，公债券所有者将花二百盎司。但是，如果这些所有者有买卖公债券的投机习惯，这种交易就无需现成的白银，有银行票据就行。倘若必须从流通中抽出铸币来进行这种买卖，则将抽出一笔很大的款项，从而经常阻碍流通，或者更确切地说，在这种情况下，买卖公债券就不能如此频繁。

毫无疑问，银行之所以仅仅保持四分之一或六分之一的白银储备作为发行票据的依据，其原因正在于这些资金的来源，或者说存入银行的货币的来源。这些存入银行的货币只是在诸如资金所有者从事一些交易，或者需要现金进行小额购买的时候才偶尔提取。假如银行不能占有这些资金中的许多钱款，它在正常的流通过程中就会感到自己像私人银行那样，不得不在手中保留一半存款以具备偿付能力。诚然，银行的账簿和交易并不区别在“兑换小径”里进行的买卖中几次转手的那些资金。这些票据经常在银行里更新，并在购买中兑换其他票据。但是，买卖公债券的经验清楚地说明，它们的总额很大，而且如无这些买卖，银行的存款肯定会减少。

这意味着在国家没有负债和无需买卖公债券时，银行提供帮助的必要性和重要性当会减少。

1720年，公债券的本金以及伦敦私人公司设置骗局和进行冒险的“泡沫”[①]本金，其价值上升到八亿英镑。然而，通过已发行的各种各样的大量票据，这种有害证券的买卖毫无困难地持续进行，在偿付利息时人们也接受这种证券。可是，一俟大发横财的欲念引诱许多人增加开支，以购买马车、外国亚麻织物和丝织品，一应事务（我指的是花用利息）都立即需要现金。这就打乱了所有的既定做法。

这个例子说明，国营银行和私人银行的证券和信用，可以在一切事情上（不包括用于饮料、食品、衣服和其他家庭需要的一般开支）引起惊人的后果；但是，在正常的流通过程中，银行和信用的这种帮助比一般设想的要少得多，实用意义也比一般设想的要小。只有白银才是流通的真正的中流砥柱。

第八章　论有关综合性银行信誉的巧妙安排

伦敦国民银行[②]是由一大批股票持有者组成的，其业务由他们选择的行长来掌管。他们最初的实惠在于一年一度地分配由利息所赚取的利润，这些利息来自从银行存款中贷出的钱款。后来，

① “泡沫”即“南海泡沫”（South Sea Bubble），是英国历史上的一个特有用语，指十八世纪初英国殖民公司南海公司在南美进行股票投机的骗局。——译者

② 这里和前一章的伦敦银行暗指英格兰银行（The Bank of England）。

公债也纳入银行,国家每年对此偿付利息。

尽管这家银行具有如此坚实的基础,当它向国家提供大量贷款而票据持有者担心它遇到困难时,人们看到这家银行面临挤提存款的风潮,持票者群聚银行提取钱款。1720 年南海公司倒闭时就曾发生这样的事情。

为了维持这家银行和改善其损坏的声誉,所作的巧妙安排是:首先设立一批办事员,清点持票者持有的钱币;用六便士硬币和一先令硬币付出大笔款项来争取时间;对依次等待而花了几个整天的一个个持票者付出部分钱款;但是,大部分大额款项则付给朋友,他们把钱拿走后又悄悄地送回银行,以便次日重演故伎。这样,在这场大惊慌消退之前,银行挽救了面子,赢得了时间。但是,当这些安排仍然不足以解决问题时,银行则开设认缴金,把值得信赖和具有支付能力的人拉进来,作为大额款项的保证人,以维持银行票据的信誉和流通。

1720 年南海公司倒闭时,正是上述最后一项巧妙安排维持了这家银行的信誉。认缴金名单列满富裕而有威望的人物,一经公之于众,挤提存款的风潮便立即停止,人们又像往常那样送来存款。

假如英国的一位国务大臣谋求降低利率,或因其他缘故强行提高伦敦的公债券价格;又假如他在银行行长中享有足够的信誉(承担如有损失即予赔偿的义务),因而能说服他们发行没有储备金作后盾的许多票据,并请他们亲自使用这些票据买进几批公债券,那么,通过这些业务,公债券的价格必然上升。那些已经卖出公债券的人看到高价继续存在(为了不使他们的票据闲置,并根据流传的谣言，认为利率将会下降而公债券价格将进一步上升），可能会决定按高于卖出公债券时的价格买回公债券。如果有几个人看到银行代理人买进公债券也竞相效尤，以为能像银行代理人一样牟利，那么公债基金的价格就会上升到这位大臣所期望的程度。而且，可能发生这样的事情：银行把根据大臣要求而购得的全部公债券，以更高的价格巧妙地再卖出去，不仅赚取大量利润，还能偿付和取消它所发行的全部特别票据。

倘若单由银行用买进公债券的办法来提高它的价格，那么在银行重新卖出公债券以取消发行过度的票据时，就会使它的价格大大下降。然而，无论何时都会发生这样的情况，即许多人愿意在行动上跟随银行代理人，会有助于价格保持不降。其中一些人由于对这些业务缺乏了解而落入圈套。这些业务中渗进了不计其数的巧妙安排，更确切地说是阴谋诡计。这些就不属于我的本题范围了。

所以，不容置疑，由于同大臣沆瀣一气并谨慎地采取步骤，银行能够按照这位大臣的心愿，提高和维持公债券的价格并降低该国的利率，从而付清国债。可是，为大发横财大开方便之门的这些巧妙安排，很少是仅为国家的利益作出的，而且参与这些安排的人一般都营私舞弊。在这些情况下，过分印发的银行票据并不扰乱流通，因为它们用于买卖公债券，而不是用于家庭开支，故并不换成白银。但是，假如某些大恐慌或未曾料到的危机驱使持票人要求银行付出白银，那么炸弹就会爆炸，人们就会看到这些安排乃是危险的举动。

理查德·坎蒂隆和政治经济学的国籍

《国富论》的细心读者可能会记得，亚当·斯密曾稍许引证过某位坎蒂隆先生。于是便产生了一个传说，一个充满错误、神秘色彩和疑团的传说。亚当·斯密很少引证前人的著作，因而凡有幸被他在自己的著作中提到过的作者，都获得了某种不朽性。但坎蒂隆却一直非常不幸。这不仅是因为他在剑与火中过早地结束了自己的生命，而且由于一系列文字上的阴差阳错，他的名字和声誉几乎完全湮灭了。

如果我们为了更多地了解坎蒂隆而去查阅那部不无裨益但却颇多疏漏的著作，即麦克库洛赫的《政治经济学文献》，我们便会找到一些关于一部出版于 1752 年，据说由伦敦城已故商人菲利普·坎蒂隆著，名为《关于工商业、货币、金银、银行和外汇的分析》（以下简称《分析》——译者）的著作的介绍文字。麦克库洛赫接着对该书作了这样的评论："作者采用了休谟的许多观点（后者的《政治论文集》出版于 1752 年），作者的原理就其大部分来说是开明的，他的一些思想表现了很大的独创性。"这里，思想的师承关系似乎是明显的。坎蒂隆采用了休谟的观点，而后者的《政治论文集》，按照休谟的传记作者伯顿的说法，构成了政治经济学的摇篮。伯顿说:“尽管那门科学在后来得到了更为深入广泛的研究和阐发,时至今日,人们仍然怀着欣喜的心情在阅读它的原理的最早期、最简短和最简单的发展成果,甚至那些精通这一伟大学科的所有文献的大师也不例外。”我绝不想否认,“一位精通所有政治经济学文献的大师”,如果这样一位妙不可言的人物是可以想象的话,可能会怀着欣喜的心情阅读休谟的《论文集》,他也可能会同意赫胥黎教授的看法:休谟在政治经济学领域,一如他在哲学领域,是“一位富于创造性的、勇敢的和多产的创新者”。但是,他绝不会同意把休谟在1752年发表的论文集说成是“政治经济学原理的最早期、最简短和最简单的发展成果”;他也绝不会犯麦克库洛赫那样的错误,即断定斯密所引证过的那位坎蒂隆曾得益于休谟。

在这个问题上,麦克库洛赫是很该受责备的,因为他只要查看一下《分析》一书的扉页,就会知道,这本书的内容“主要取自一位极有才华的已故绅士的手稿,并根据目前的贸易和商业形势作了改写”。由于该书出版于1759年,休谟的《论文集》出版于1752年,七年的时间显然太短,几乎不可能使菲利普去采用休谟的观点,写下这份手稿,然后死掉,更不要说去根据“目前的贸易和商业形势”改写这份手稿了。如果麦克库洛赫翻阅过一些普通的目录学和传记参考书,他就可以避免这一错误。确实,沃特的《不列颠藏书》并不能给他以很大的帮助。因为该书仅仅告诉我们,菲利普·坎蒂隆是普顿的一个商人。但是,在世界上似乎根本不存在“普顿”这样一个地方。我只能得出这样一个结论,即它是“伦敦”一词的一个不常见的印刷错误。在某些法国大传记著作中,我们可以找到一些关于“菲利普”·坎蒂隆生平的细节,据说他死于

1733年(更确切地说是1734年)。这个事实当然排除了他得益于休谟的可能性。我们从这些和其他一些下面将要引用的书中还知道,坎蒂隆的著作最初是用法语在1755年印行的,书名是:《商业性质概论,译自英文,伦敦》。

草草浏览一下这一著作,就马上可以发现,1759年的英译本大大曲解了原著,以至使人根本无法窥见它的价值所在。《分析》是真正的《商业性质概论》(以下简称《概论》)的某些部分的不严格译文。它往往漏掉该书各章的精华,以便插入摘自休谟论文集的文句、对克伦威尔的吹捧以及其他一些风马牛不相及的东西。该书据说是"为作者而印行的",但这位作者想必是个可怜的雇佣文人,当他宣称:该书"主要取自一位极有才华的已故绅士的手稿"时,他显然大大背离了严格真实的准则。

法文本的《概论》在英国似乎非常罕见。据说它既不见于剑桥大学图书馆,似乎也不见于博德雷安图书馆的出版目录。但该书可在英国博物馆图书馆找到。在那里还可以找到1759年出版的《分析》,以及休谟的《政治论文集》第三卷法文版的重印本(它是由德·莫维伦翻译和编辑的)。

我对《概论》的研究,由于下述事实而得到巨大方便,即我在自己的藏书室里发现了这本书,那是许多年前我偶然在巴黎买到的。我还从老曼彻斯特交易图书馆的拍卖会上买到了一本《分析》,它大概自从出版以来就被搁在图书馆的书架上而一直无人问津。

《概论》原书的扉页上这样写着:"《商业性质概论》译自英文,伦敦,由霍尔本的弗莱彻·盖尔斯出版,MDCCLV。"该书包括扉页前页、扉页、正文四百三十页、目录六页,为十二开本(印张A到

Tii)。在法国的政治经济学词典和麦克劳德先生的词典中,它的出版日期被错误地写成1752年。

在回过头去分析这一概论之前,先从其他来源尽可能多地了解一下该书和它的作者是不无裨益的。所谓的菲利普·坎蒂隆似乎是一位机灵的商人,在17世纪末左右出生于一个爱尔兰家庭。他最初在伦敦经商,后来移居巴黎,在那里开设了一个银号。正如《人物大全》所说的,"极大的信用加上和蔼的态度和出众的智慧,使他在上流社会深受欢迎,他同许多出类拔萃的人物过从甚密。"他是博林布鲁克勋爵的朋友,据说他甚至同奥韦涅尔公主也关系不错。确实,他由于在财政上和社交上获得了极大成功,竟遭到当时财力雄厚的约翰·罗的妒忌。罗把他的同胞找来,接着两人便进行了这样一场谈话(它看来是真实的,因为,正如一个法国作者将会说的,它是那么简单):"如果你我是在英国(罗说),我将会同你商量。但现在是在法国,如果你不在二十四小时内离开法国,我就把你送到巴士底狱去"。坎蒂隆沉思片刻后回答:"听着,我不离开,但我将使你的那套办法获得成功。"于是,坎蒂隆从罗那里取走了极多的荒唐纸币。通过他的众多商业上的朋友,靠着他的极高信用,他把这些纸币投入市场,并取得了极大收益。如果报道可信的话,他就是这样在几天之内得到了几百万财产。但他依然不信任罗,于是谨慎地隐居到荷兰,尔后又移居伦敦。在伦敦,他被一个仆人(更确切地说是一个厨子)杀害。事发后,那个仆人带着他的大部分便于携带的贵重财产逃跑了。

上述关于坎蒂隆的种种说法似乎来源于在1755年或在此后刊行的某些传闻。例如,在格里姆的《通信》中,在"日期1755年7

月1日,巴黎”的题头下,我们读到这样一段记载:

> 一个月前,出现了一本论贸易的、相当大的十二开本新书,书名为:《商业性质概论》。这本书,正如该书扉页所特意说明的,不是从英文翻译过来的。它最初是由一个英国人,即德·坎蒂隆先生用法语写的。坎蒂隆是一位有地位的人,他死于朗格多克,那是他退休的地方,他曾在那里生活过许多年。

在另一封信中,作者对这一陈述作了如下修正:“当我上次有幸写信给你,告知你有关坎蒂隆论贸易的著作时,我对这位先生的个人情况还所知甚少。坎蒂隆是一个英国人,而且,确实如他的著作所证明的,是一个睿智的人。在摄政时期,他在巴黎开办过一个银行,并享有极高的信誉。”

在谈完那件已描述过的发生在坎蒂隆和罗之间的故事之后,他是这样结束这封信的:“一般认为,在1733年,在一场火灾中,他死在自己的房间里。事实是,大火很容易地扑灭了,人们发现坎蒂隆是被人刺死的。这场火灾似乎是为了掩盖罪行而制造的。这件事在当时引起了许多谣言”。

1755年的另一部权威著作,即弗雷隆先生的《文学年鉴——1755年卷》(第357页),肯定了这种说法,并补充了一些进一步的事实;书中写道,凶手被查获,后在伦敦被处决(?)。“坎蒂隆先生把女儿嫁给了巴尔克利爵士,后者是法国军队的中将,国王勋位骑士,贝里克的马雷夏尔夫人的兄弟。巴尔克利夫人六七年前死于巴黎。”在同书的第67页上,我们也看到了这样的说法,即该书不是一本真正的译著,而是用法语写的。"是英国人自己根据坎蒂隆先生的原文把它译成英文的"。然而,这一说法显然是错误的,因为在1759年之前,根本就不曾出现过什么英译本。作者接着补充道:"无人晓得是谁、通过什么办法,印行了这一手稿,也无人晓得为什么它的出版被耽误了二十多年。我们也不晓得出版商为何在这一版中删去了某些非常有趣的计算。许多人向我保证,他们曾在手稿中见过这些计算。但不管怎么样,现在摆在我们面前的这本书,是迄今为止论贸易的最杰出著作之一"。

如果坎蒂隆真是在伦敦被杀害的,当时的报纸大概会刊登有关这一事件的一些报道。没有费多大力气,我就找到了下述细节。1734年5月8日星期六的《乡间杂志》或《手工匠》写道:

> 星期二凌晨三时许,住在阿尔比马尔大街的法国富商坎蒂隆先生家的屋子起了火,大火在很短的时间内烧毁了上述房屋以及毗连的威斯康特·圣约翰爵士家的房屋,大火同时还使另外一间房屋遭到严重破坏。火情一被发现,坎蒂隆先生的跟班便冲进他主人的寝室(他在前夜十二时许离开他的主人,当时后者正在寝室秉烛夜读),但发现他已死在床上,他的头几乎已被烧光。

在1734年6月1日,星期六的《读者周刊》或《英国公报》第480号上,有一段对于我们的研究来说更为重要的文字。该文写道,理查德·坎蒂隆先生于5月14日星期二凌晨三至四时左右,在阿尔比马尔大街自己的房间里遭到抢劫并被杀害。尔后,上述房屋亦被罪恶地烧毁。这一案件已呈报国王。为了破案,政府宣布可以赦免上述罪行中的一切从犯。作为进一步的鼓励办法,伦敦商人,菲利普·坎蒂隆先生答应给予除元凶外的任何罪犯二百镑的赏金。

此外还可以找到其他一些没有什么重要性的进一步的细节,例如,在星期日,这家的其他仆人私下受到盘查;在星期一晚上进行了验尸;在星期三,法国制酒匠马丁先生获准保释;在星期四,仆人们再次受到盘查。在1734年6月15日的《乡间杂志》或《手工匠》上,我们读到:

“他们在巴黎的来信中说,法国人约瑟夫·德尼埃(别名勒邦)的妻子已在离该城三英里处的家中被逮捕(德尼埃是已故坎蒂隆先生的厨子,据认为是他抢劫并杀害了那位绅士)。查抄了她的信件,以便找到她的丈夫。上述所有行动都是应国王陛下驻法大使沃尔德格雷夫公爵之请而采取的。”

元凶似乎一直未能被抓获,但根据《绅士杂志》的一条消息,1734年12月7日,艾萨克·伯里奇、罗杰·阿诺德因杀害自己的主人坎蒂隆先生,并放火烧毁他的房屋而受到审判,但被宣判无罪(还可参看同书第273页)。

从上述历史记载中我们所得到的重要事实是,当时有两个坎蒂隆,那位法国富商根本不是菲利普·坎蒂隆,而是理查德·坎蒂隆。

似乎有必要假定,那位大经济学家和金融家的真实名字过去被遗忘了。只是到现在,它才第一次同他的著作联系起来。由于1759年的那个不严格的译本把菲利普说成是已故伦敦城商人,而报纸一方面证实了这种说法，另一方面又把理查德称为一位法国富商，因而，不可能设想菲利普是《概论》的作者和罗的对手，也不可能设想理查德是那个伦敦商人。仅仅作为一种猜测，我们可以设想理查德和菲利普是一对兄弟，他们在经营商业和银行业的同时保持着密切联系。但我无法解释为什么写作上的声誉被加到了菲利普·坎蒂隆的名下。确实，还需要注意，除了《概论》外，还有另外两部著作在传记书中是同德·坎蒂隆的名字联系在一起的。例如，当巴比尔在他的《逸名和伪托著作词典》中谈到"《波兰国王斯坦尼斯拉斯一世的历史》作者 M. D. C.，伦敦，(梅耶)1741 年"(两卷，12 开本)的时候说，一些人认为这本书是德·坎蒂隆所著，他大概就是《商业性质概论》的作者。但在凯拉尔的《法国文学》第一卷第 43 页和第二卷第 188 页中，我们被告知，该书的作者是 J. G. 德·谢弗里埃。在这里，对姓名首字母的误解无疑是人们把坎蒂隆的名字同这本书联系起来的原因。但是还有另外一本书，在它的扉页上真的赫然印着 M. D. 坎蒂隆的名字。在英国博物馆的国王图书馆藏有这样一部著作，它共分四卷，八开本，书名及有关说明为："双轮转滑犁在农村之使用给人们带来的乐趣……该公爵对城市的描述，以及迄今为止所发生的重大事件。作者坎蒂隆。该书包含了二百幅极漂亮的插图。1757 年出版于阿姆斯特丹。"然而，这本书的出版纯然是出于某个书商的投机。该书的内容不过是对两百件倒还值得一评的铜盘雕刻品的陈腐评论。找不到任何理由可以说明，为什么它竟同伦敦城的商人联系起来了。我怀疑这本书是伪托的，之所以选用坎蒂隆的名字，是为了利用他的声望和围绕着这个名字的神秘色彩。

我曾得以发现其他一些同坎蒂隆身世有关的事实。他是爱尔兰克里郡巴里黑奇或巴里海吉地方的坎蒂隆家族的后裔。根据伯克的《文章学通论》和其他著作,这个家族的纹章是:"后腿直立的狮子;或是两支箭的中间的狮子;或是两支箭中间的狮子,身带翅羽,被箭钩住。"该家族同法国的联系是显而易见的,因为巴里黑奇男爵,安托万·西尔万德·坎蒂隆同法国的圣路易斯骑士团的中校骑士佩戴同样的纹章。在1743年的《绅士杂志》第八卷第389页,我们读到,斯塔福德公爵娶了某位坎蒂隆小姐。因而,英国和法国的某些贵族可能是这位最早的经济学家的后裔。

在查阅一本家系学著作时(我不巧忘记了它的名字),我发现上述看法完全可以得到证实。那本书写道"巴黎的理查德·坎蒂隆,银行家,1710年生于克里郡。他的女儿亨里埃塔先于1743年嫁给斯塔福德的第三代公爵,威廉·霍华德;后于1769年改嫁法纳姆的第一代公爵,罗伯特·马克斯韦尔"。

在《绅士杂志》第二十六卷第91页有关1756年的死亡者的记载中,可以发现贾斯珀·坎蒂隆先生的名字,他是税务署和威廉王佛兰德之战受伤士兵委员会专员之一。

当然,这个名字基本上是个西班牙人的名字。众所周知,许多西班牙商人定居在爱尔兰西海岸。直到今天,在高尔韦依然可以看到他们的具有明显西班牙建筑风格的房屋。

现在让我们再来看这本杰出的《商业性质概论》。按照该书扉页上的说法,这本书是在伦敦由一位叫作弗莱彻·盖尔斯的人出版的。但这显然是假的。在18世纪初叶,确实有个著名的书商名叫弗莱彻·盖尔斯,他在靠近霍尔本中街"同格雷酒店相对"的地方有一座店铺。关于他的许多遗闻逸事可以在尼科尔的《文学遗事》(见索引第七卷第165页)中找到。他似乎确实在上述地方出版过各种书籍。但后来,在1736年,这个店铺已改名为盖尔斯与威尔金森,而且弗莱彻大约死于1741年,因此,在1755年出版的一本书的扉页上仅仅写上他的名字是不大可能的。不仅如此,在1737年以后,就不再听说过这家位于霍尔本的店铺出版过任何书籍(《文学遗事》第二卷第116页)。英国博物馆的两位传记专家向我保证,这本书的铅印字体、纸张和总的外形都说明它肯定不是在英国而大概是在巴黎出版的。我的那本书的装订也具有当时法国的风格。所有这些事实都说明:尽管该书据称是从英文翻译过来,并由一个英国书商出版的,但它实际上同伦敦毫不相干。

该书本身分为三部分,第一部分包括十七章,第二部分包括十章,第三部分包括八章。第一部分在某种程度上是政治经济学的一个一般性导言,作者一开始便给出了财富的定义,然后讨论了在各种社会、村庄、集镇、城市、都市中的人们的联合;劳动的工资;价值理论;劳动和土地之间的平价;各阶级对地产所有者的依赖;人口的增加;黄金和白银的使用。第二部分讨论了物物交换、价格、货币流通、利息等题目。它是一篇关于通货的简短而完整的专题论文。自从发表以来,它大概比迄今为止有关这个问题的同样篇幅的任何文章都深刻。第三部分研究外贸、外汇、银行业务和"信用的改进"。以当时的知识与经验来说,特别是这第三部分,几乎是令人赞叹不绝的。它表明理查德·坎蒂隆对许多问题具有深刻的和相当全面的理解。在这些问题上,许多小册子的作者至今仍然是莫衷一是,错误百出,他们把自己和许多读者都搞糊涂了。

《概论》绝不仅仅是一篇论文，甚至也不是像休谟那样的许多彼此无关的论文的汇集。它是一篇系统的、相互关联的专题论文，以一种简明的方式，涉猎了除税收之外的几乎整个经济学领域。因而，它比我们知道的任何一本书都更有资格被称为"关于经济学的第一篇论文"。威廉·配第爵士的《政治算术》以及他的《赋税论》，以它们自身的方式、在它们的时代堪称是精彩的著作。但是，同坎蒂隆的《概论》相比，它们只不过是一些零散暗示的集合。确有一些伟大的早期英国著作，如沃恩、洛克、蔡尔德、孟等人的著作。但这些著作要么是信手写成的短文和小册子，要么是不完整的论文。同任何一部单独的著作相比，坎蒂隆的著作都更有理由被看作是"政治经济学的摇篮"。

第一章"论财富"的第一句话是特别值得注意的，其内容如下："土地是所有财富由以产生的源泉或质料。人的劳动是生产它的形式：财富自身不是别的，只是维持生活，方便生活和使生活富裕的资料。"

这句话一下子抓住了要害，或者说拨响了经济科学的琴弦。它立即使我们想起亚当·斯密所屡屡重复的短语"国家的土地与劳动"。但是，它比以后的所有论文都更好地把握住了各生产要素之间的平衡。正如我们将看到的，魁奈过于强调坎蒂隆的其他一些看法，因而建立了一个仅仅依靠土地的完全片面的经济学体系。斯密却一下子走上了另一条道路；他把"每个国家每年的劳动"看作是为该国提供维持生活、方便生活的一切资料的资金。经过正确解释的坎蒂隆的陈述，大概是迄今为止所能见到的最合乎实际的陈述。

确实,如果我们打算尽力追溯这些思想的渊源,我们将上溯到威廉·配第爵士那里。他在《赋税论》第十章(论罚款)第十条(1662年第一版,第49页)谈到,"我们认为,土地为财富之母,而劳动则为财富之父和能动的要素"。这里可以顺便指出,在约翰·J.莱勒翻译的罗雪尔的《政治经济学原理》的新英译本中,配第的这句话,由于印刷上的错误(第一卷第168页),同引自哈里斯的另一句话合在一起了。那句话是哈里斯在约一个世纪后写的。罗雪尔还提到莱舍的一本德文著作,这本书把亚当·斯密谈到过"土地和劳动的年产品"的所有段落和句子都汇集到了一起。

第七、八两章之所以有兴趣,是因为在这里我们可以发现亚当·斯密关于不同职业的工资的重要学说的萌芽。斯密在《国富论》第十章第一部分阐述了这个学说。斯密大大地发展了这一学说,而且解释得非常精辟,因而它看起来完全像是他自己的东西。然而,正如下述引文所表明的,在这部已被人遗忘的著作中,包含着一些有关这方面的最重要的思想:

> 那些雇用工匠或手工业者的人,必须为他们的劳动而付给他们高于农夫或普通工人的报酬。同他们在学艺期间所丧失的时间以及为精通技艺所需支付的费用和承担的风险成比例,他们的劳动必将更为昂贵(第10—11页)。那些伴随着风险和危险的技艺和手艺,如铸工、海员、采银矿工等的技艺和手艺,应根据所冒的风险得到报酬。如果除了承担风险之外,还需要有熟练技术的职业,如领航员、潜水员、工程师等职业,它们的报酬就应该更高一些。如果某种职业需要资格和承担

责任,如首饰匠、簿记师、出纳员等,劳动的报酬就要更高一些(第11—12页)。

在这里,不可能看不出斯密所列举的造成工资不均等的五种情况中的三种,即职业的愉快与不愉快、学习一项职业的难易及学费的贵贱、从事不同职业的人所担负的责任的轻重。

第九章,坎蒂隆用一种很有些新近的李嘉图门徒味道的方式论证,通过开办慈善学校和推行特殊的教育方法来增加任何一个行业的工匠数目都是没有用的。他认为,只要能为他们提供足够的工作,一个国家就绝不会缺少工匠。

接着,在第十章,坎蒂隆提出了一个有创造性的价值理论,在许多方面,它比晚近的许多经济学家的理论还要高明。坎蒂隆对这个问题的论述只用了不多几页的篇幅,但他的论证组织得非常紧凑,因而要正确评价这一理论将需要占用很大的篇幅。不过,坎蒂隆的意思是说,像布鲁塞尔花边、英国表发条之类东西,其价值取决于在它们的生产中所使用的劳动。另一方面,在已考虑到土地质量的情况下,草场上的干草、森林中的木材,其价值取决于包含在它们之中的质料,或它们的生产所需要的土地的面积。作为另一个例子,塞纳河水的价格并不就是水本身的价格,而是把水运到巴黎街头的价格,因为水的数量是极大的。这样,他便得出下述结论:"通过这些例子和归纳,我想,可以懂得,物品的价格或内在价值,在考虑到土地丰度或产物以及劳动的质量的情况下,是衡量生产该物品所使用的土地和劳动的数量的尺度。"

但坎蒂隆马上接着解释道,商品并不总是按照它们的"内在价值”出售。如果一个贵族想卖掉一座他用了许多钱修建的美丽的花园,它给他带来的收入可能只有它的成本的一半。在另一种情况下,花园给他带来的收入却可能是它的成本的两倍。另外,谷物的售价,根据收成的好坏,可能高于或低于它的内在价值。价格的不断变动是由于不可能使供应与需求保持固定比例而造成的。简言之,在这短短几页中,不仅包含了与成本价值(或如已故凯恩教授所说的正常价值)相对立的整个市场价值理论,而且包含了对李嘉图、穆勒和其他许多人所忽视的一些困难问题的暗示。

但是我们无法在这里详尽研究价值理论的种种复杂问题,而必须接着来看第十一章。这一章很有意思,曾被亚当·斯密引证过。它包含了关于“土地价值和劳动价值之间的关系或平价”的有趣理论。坎蒂隆指出,一个最低级的成年奴隶的劳动的价值,至少应等于庄园主用于给他提供食物和生活必需品的土地数量,再加上为把一个孩子抚养到能够劳动的年龄所需的土地数量的两倍;我们记得,根据哈利博士的计算,有一半的孩子不到十七岁就夭折了。坎蒂隆小心翼翼地捍卫了这个理论,他提出了各种的限制和解释,但我们没有时间去考虑它们了。斯密在《国富论》的第一篇第八章提到了这个理论,他说:“坎蒂隆似乎因此推测,最下级普通劳动者,为供养儿女二人,至少须取得倍于自身所需的生活费,而其妻子,由于需要照料儿女,其劳动所得,只够维持自己。但据一般计算,常有半数儿童在未成年以前死去。”[1]我相信,斯密的引文

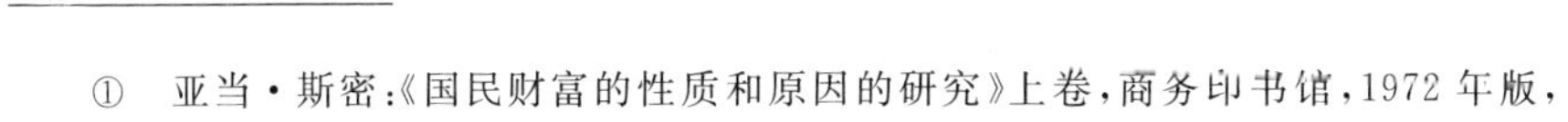

① 亚当·斯密:《国民财富的性质和原因的研究》上卷,商务印书馆,1972 年版,第 62 页。

必定是摘自法文的《概论》;因为斯密谈到了这一事实,即妻子的劳动,由于需要照料儿女,据猜想只够养活自己。坎蒂隆小心地写下了这一点。但在英译本中,这一点,像大多数别的重要思想一样,被遗漏了。该译本只是含糊其辞和轻描淡写地说,“妇女的情况也必须加以考虑”。

斯密是以赞同的口气引证坎蒂隆的,但他这样做时实际上是搞错了,这同坎蒂隆这本书的整个遭遇倒是相当吻合的。这一章是斯密唯一明确引用的一章,也是坎蒂隆唯一明白确认他是在引证前人——即威廉·配第爵士著作的一章。坎蒂隆在这一章的末尾写道:“威廉·配第爵士在1685年写的一篇简短的手稿中,把这个平价或土地和劳动之间的等式看作政治算术中的最重要因素。但是,他就此所做的附带的研究是充满幻想、远离自然规律的,因为他像洛克先生、达文南先生以及其他在他之后就这个题目写过文章的所有英国作者一样,不重视研究原因和原理,而只重视结果。”

现在,在1662年首次出版的威廉·配第爵士的非常出色的著作《赋税论》中,我们找到了以下段落:

所有物品都是由两种自然单位——即土地和劳动——来评定价值,换句话说,我们应该说一艘船或一件上衣值若干面积的土地和若干数量的劳动。理由是,船和上衣都是投在土地上的人类劳动所创造的。因为事实就是这样,所以如果能够在土地与劳动之间发现一种自然的等价关系,我们一定会感到欣慰。如果这样的话,我们就能够和同时用土地和劳动这两种东西一样妥当地甚或更加妥当地单用土地或单用劳动来表现价值;同时,也能够像把便士还原为镑那样容易而正确地,将这一单位还原为另一单位。

这段文字清楚地预言了坎蒂隆的价值理论和平价理论;但是,在已付印的配第的其他任何文字中,我都未能发现这些创造性思想的进一步发挥。从 W. H. 哈丁先生于 1865 年 5 月 8 日在爱尔兰皇家科学院宣读的论文(它刊登在该院学报第二十四期)中,我们得知,在兰斯多恩的私人藏书中有一篇未发表过的写于 1687 年的关于爱尔兰的文章,以及其他一些不同的手稿。由于配第无疑是统计科学的创始人,同时还是一位有杰出洞察力的人,我们亟望他的手稿将被付印。

现在回过头来谈坎蒂隆。我们在第十二章可以发现重农主义理论的萌芽:"一个国家的所有阶级和个人都是依靠土地所有者维持生活和致富的。"正如我们将进一步看到的,魁奈自己以及他的编辑者们坦率地把这个伟大的法国经济学派的渊源归诸坎蒂隆的《概论》,尽管我们可以有把握地说,坎蒂隆避免了重农学派的片面性。

我们几乎还没来得及离开重农学派的成分,就在第十五章看到了对于马尔萨斯人口论的一个近乎完整的预言。坎蒂隆指出(第 33、40 页):

简言之,我们可以大量增加各类牲畜的数目。如果我们能够找到无限多的适于饲养牲畜的土地,我们甚至能够把它们的数目增加到无限。除了用以饲养它们的资料是否充分之外，牲畜的增加不受任何其他限制。

如果人类拥有无限的生活资料，他们就会像仓廪里的老鼠那样迅速地繁殖起来；居住在殖民地的英国人口，在三代之内增加的倍数将比他们在英格兰过上三十代还要多；因为在殖民地，在把当地的野蛮人赶走之后，他们发现了可以耕种的新土地。

这一章还包含了对社会的不同国家中的不同生活水平的许多有趣暗示；对在中国和其他地方常见的饥馑、对独身生活、对放荡行为以及有关人口的其他问题的有趣暗示。这一章简直就是预先被压缩到二十七页的马尔萨斯的著名论文。但我不知道马尔萨斯是否见过这本书，我认为，他对这本书有任何了解都是极不可能的。坎蒂隆在结束对这个问题的讨论时，预言式地提出，对于一个王国来说，是拥有数量极多的非常贫困的居民好一些，还是拥有数量不太大但生活较好的居民好一些，这是一个问题。这是对F. Y. 埃奇沃思先生最近的享乐主义观点的一个预言。还应指出，坎蒂隆在研究人口问题时参考了哈利、配第、达文南以及金的计算结果和统计数字。这几位作者都是英国人。

《概论》的第一部分是以“论金属和货币，特别是黄金和白银”一章结束的。在这一章中，作者显示了在有关价值的共同尺度的必要性与性质、不同商品充当这一职能的适合性等问题上的最精确的思想。作者正像最近各种论货币的著作所做的那样，对谷物、酒、布匹、宝石、铁、铅、锡、铜等充当货币的适合性进行了比较。他的结论是:“只有黄金和白银具有体积小、质量相同、易于运输、可分割、在分割时不会造成损失、易于保管、用它们制造的物品美丽而明亮、几乎可以无限期地使用等特性。”

在《概论》的第二部分中,我们只能注意几个要点。例如,他令人钦佩地解释了这一事实,即在城市、特别是在都市,商品价格和生活费用比在农村高。坎蒂隆把这归因于总有一个应由农村付给城市、首都的支付差额,以及实际用于偿付这一差额的商品所造成的运输成本和风险。同一理论也被应用于国与国之间的关系。坎蒂隆的结论是:任何一个向邻国出售制造品的国家,如果它出售的数量足以使自己获得硬币盈余,它最终会使本国的价格标度(scale of prices)提高。在这个理论中,看不出任何重商主义错误的影响。

金矿或银矿的发现,对工资率和商品价格将造成什么样的相继影响,坎蒂隆对此所作的解释,是本书最精彩的地方之一。所有者、业主、矿工开始时会因矿藏的充裕而获利,他们将马上增加支出,支出的增加又将导致对工匠和其他工人的产品的需求的增加。后者的增加很快造成了工资率的提高,逐渐地,新货币的影响将从一个行业扩展到另一个行业,从一个国家扩展到另一个国家。这完全是已故凯恩教授1858年向不列颠学会提出的理论。这一得到出色研究的理论,可以在他的《政治经济学论文集:理论与实践》论文I和II中找到。

我们这样说是并不过分的,即外汇问题从来不曾,甚至在戈森先生的著名著作中也不曾,像在坎蒂隆的《概论》中那样得到如此明晰和准确的研究。例如,在《概论》的第三部分(第120—121

页),发现有关外汇投机的下述解释,是非常令人吃惊的,人们会误认为,这是从戈森先生的精彩论文中摘录下来的。坎蒂隆说:

> 如果一个英国银行家在1月份能预见到:由于有超出常例的大量商品被运往荷兰,因而在3月份出售货物和向英国汇款的时候,荷兰将欠英国很大一笔债务。在1月份他就不会汇给荷兰他在这个月所欠荷兰的五万埃居(或盎司),相反,他将交给他在阿姆斯特丹的业务联系人期限为两个月的汇票。通过这种方法,他可以靠外币兑换而获利,因为在1月份外汇高于平价,在3月份低于平价。这样,不用把一个苏运到荷兰他就能够借以得到收益。

但坎蒂隆非常小心地补充道,虽然投机和银行信用往往能阻碍金块从一个城市或国家转移到另一个城市或国家,但到最后,总不免要清偿债务,要用硬币的形式把贸易的支付差额汇到应该付款的地方。

孔迪亚克在他那部深刻和富有创造性的著作《商业和政府》中,几乎没有引证过任何作者,也不承认曾受惠于任何人。但对于坎蒂隆,他却一反自己通常的做法。他在一个脚注中声明,除在其他章节中利用了坎蒂隆的一些看法外,他的论货币流通一章的基础是从坎蒂隆的《概论》中引申出来的。孔迪亚克说:"它是我所知道的论述这个问题的最杰出著作之一;但无论如何,我并不知道它的全部内容"。

坎蒂隆对货币和金融问题的理解力,这里或许只要再有一个进一步的证明就够了，在他对其后被塞努西先生称为复本位制的研究中，我们找到了这个证明。第三部分的第四章包含了一段对于这个问题的富于启发性的讨论。开始的时候，他对黄金和白银相对价值的变动进行了历史的回顾；在结束的时候，他对促使艾萨克·牛顿爵士把英国畿尼定为二十一先令的动机作了极为有趣的评论。坎蒂隆的总的论点实际上是，贵金属的价值必须同市场变动相一致。

金的价值和银的价值之间的比例是由市场价格决定的。金银币所合价值的比例也是以市场价格为基础的。如果市场价格变化很大，铸币的市场价格就必须进行调整，以便跟上市场价格。如果不这样做，流通就会陷入混乱和失调状态，一种或另一种金属铸币的买价就会高于制币厂的价格。在古代这样的例子不胜枚举。英国就有一个相当新近的例子，这是由伦敦制币厂所作的规定造成的。那里，一盎司白银（纯度为十二分之十一）值英币五先令二便士。由于金和银的比例（过去仿照西班牙定为一比十六）下降到一比十五和一比十四点五，一盎司白银的售价为英币五先令六便士，而畿尼金币仍按英币二十一先令六便士的价格继续流通。这种情况导致了在流通中未曾磨损的全部白银克朗[①]、先令和便士从英国输出。到 1728 年[②]，银币变得如此稀少（仅剩下磨损得最坏的硬币），以致人们兑换一畿尼金币要蒙受近百分之五的损失。这样，在贸易和流通中产生的麻烦和混乱，迫使财政部要求伦敦塔制

① 克朗(crown)，英国旧制五先令硬币。——译者

② 参阅第 178 页。

币厂厂长享有盛名的艾萨克·牛顿爵士提出报告[①]，就为纠正这种失调所应采取的最为适宜的措施，阐明他的想法。

这事再容易不过了，只要遵循伦敦塔制造银币时白银的市价即可。根据法律和伦敦塔制币厂的规定，旧时的金银比例为一比十五又四分之三，因此只需按已经降至一比十五以下的市价相应地减少银币的重量即可。为了预防每年巴西黄金引起金银比例的变化，甚至把比例定在一比十四点五的基础上，也是可能做到的。1725 年法国曾经这样做，英国本身或迟或早也要这样做。

它是对根据利物普勋爵的建议，在 1815 年实行的措施的一个出色预言。它现在依然是，或许将永远是，我们调整金属货币的基本出发点。坎蒂隆接着解释道，牛顿采取了相反的作法，议会也接受了他的劝告，即减少金币的名义价值。埃蒂隆不否认这种办法同样能够调整两种金属货币的相对价值，使之同市场价格相吻合；但是，这是一种不太自然、不太有利的办法。他向牛顿指出：这种办法使英国在假定欠外国人的五百万镑资本中，蒙受十一万零七百四十一镑的损失。他是这样记述牛顿的答复的："牛顿针对这种异议答复我说，根据王国的基本法律，白银是真正和唯一的货币本位，因此不能加以变动。"在作出另一些精练的论证后，坎蒂隆最后表达了他的下述反对复本位制的观点，他说(第 133 页)：

> 只有市场价格才能自然地形成黄金价值和白银价值之间的比例，正如形成其他一切价值的比例一样。牛顿把畿尼降

① 牛顿报告注明的日期是 1717 年 9 月 21 日。

> 低到二十一先令，其意仅在于防止失去仍在流通的重量小和磨损的硬币，而不是为金币和银币确定它们价格的真正比例。所谓真正比例，我指的是由市场价格确定的比例。在这些事情上，市场价格始终是试金石。它的变化缓慢得使人们有足够的时间对制币厂进行调整，并防止流通出现混乱。

如果我对这段精彩文字理解得不错的话，它不仅再次肯定了坎蒂隆的观点，即在黄金和白银之间确定一个永久的比例是无效的，而且再次肯定了牛顿自己并没有想去做不可能做到的事情。他减少畿尼的价值是“故意的”，是为了阻止那些依然处于流通过程中的已磨损的硬币退出流通，就是说，是为了解决一个紧迫而重要的实际问题。复本位主义者把牛顿作为他们的支持者来引证，英格利斯·帕尔格雷夫先生和其他英国经济学家一直想知道牛顿的真正动机是什么，因为它是难于从牛顿的正式报告中找到的。但是，在坎蒂隆的这些评论中，我们似乎真的得到了牛顿的相识，一位货币和金融的高超大师的证言：他曾和牛顿讨论过这个问题，牛顿的意图不是“为金币和银币确定它们价格的真正比例”。我把这看作是放弃复本位制的一个清楚的标志。我把这段文字推荐给萨缪尔·史密斯先生、斯蒂芬·威廉森先生、爱德华·兰利先生、霍顿先生、N. P. 冯·登·伯格博士，以及其他复本位的怪念头的拥护者们，希望他们读一读。

我当然知道，塞努西先生和其他一些当代的复本位主义者把他们对复本位制的信念，建立在期待世界各国能取得普遍一致意见的基础上。对此我们可以用上一句古语：“吾将把吾女赐予汝，

如若汝能触及天堂。”如果世界各国能够取得一致，那么，不仅复本位制，而且成千上万的其他有益措施就都是可能的了。让我们向坎蒂隆学习吧，他虽然在某一章中已触及理论的奥秘，但却知道如何在下一章把自己限制在实际生活的可能性之中。

绝不应认为我已一一枚举了他的《概论》中的所有有价值之处。在文章的这里或那里，我们不时能发现一个意义深长的小小段落，经仔细研究后就可以看到，它们显示了作者对于那些依然新鲜，或虽经长期讨论但仍未解决的问题的洞察力。麦克劳德先生应该研究第291页。在那里，坎蒂隆清楚地解释了为什么债务，包括国债，不应被算作国家财富的一部分。在第67页，有一段关于大量的贸易，除偶尔支付贸易差额外，如何通过账面信用在商人之间进行的极为清楚的解释。这种被坎蒂隆恰当地称为“借助估价进行的物物交换”的办法，是我在拙作《货币和交换机制》中所描述的支票和清算制度的萌芽。我在那里指出“这种银行组织造成了我所听到的，被兰顿先生描述为‘物物交换之恢复’的那种现象”。这正是坎蒂隆以最准确的方式所描述的“通过估价进行的物物交换”。

尽管在坎蒂隆著书的时期，银行业务还处于不发达状态，但他对这个问题的看法，在他所论及的范围内是站得住脚的。尽管据说他曾利用罗的纸币进行投机而在数天之内获得了几百万的财产，他仍以下述方式概括地否定了货币投机商：“虚构的充裕和想象的货币将造成不利后果，它同通过提高土地和劳动的价格，或冒今后遭受损失的风险使产品和制造品更为昂贵这两种方法来增加流通中的真实货币所造成的恶果是一样的。信用一旦受到冲击，这种种神秘的充裕性就会立即消失,并造成突然的混乱。”

尽管进行比较是一件令人讨厌的事,但如果篇幅允许的话,我将很愿意拿坎蒂隆的《概论》同休谟的著名的《政治论文集》进行仔细的比较。在黄金和白银的价值问题上,尤金·达勒曾作过这种比较,并决定站在坎蒂隆一边。他认为休谟的观点有一些错误。比较休谟论贸易平衡的第五篇论文和坎蒂隆的第二部分第七章是最富于启发性的。两位作者都设想,在一国中,货币突然增加或减少了;休谟对这个问题的讨论文笔优美但却思想含糊;坎蒂隆则以凯恩或库尔诺的那种科学的精确性分析了这种变化对价格的影响。

莱翁斯·德·拉韦涅先生曾说:“所有经济学家的理论都预言式地包含在这本书中了,虽然这本书只是一部篇幅不大的十二开本著作。”用这样的话来评价这一《概论》并不太过分。我们有充分的确实证据证明,魁奈,这位伟大的法国经济学派的鼻祖,事实上的确从坎蒂隆的《概论》中引出了他的主要理论。欧仁·德尔,一位重农学派著作的编纂者(在这方面没有比他更大的权威了),明确指出:魁奈的基本原理“土地是财富的唯一源泉”,似乎是从坎蒂隆《概论》的第一章借用来的。他指出,土地的纯产品是所有非农业生产者赖以生活的资金这一思想也是如此。如前所述,这是《概论》第十二章的研究课题。关于这后一点,我们并不是在凭空猜想,因为在他的论谷物一文中,魁奈确实引证过坎蒂隆。论谷物一文是他的最早期著作之一,收入狄德罗和达朗贝的著名的《百科全书》中。魁奈首先指出了下述事实,即土地不仅必须养活那些耕种它的人,还必须为国家提供大部分收入,为教会提供什一税,为土地所有者提供收入，为租地农场主提供收益；这些收入以报酬的形式被用掉，支付给其他阶级和其他所有行业；他接着指出：

> 有一位作者认识到了这些基本真理，因为他说，一些住在同一地点的富有的土地所有者的聚集足以形成我们所谓的城市；聚集在那里的商人、制造商、工匠、雇工和仆役的数目是同土地所有者在那里的开支成比例的，因而城市的大小必然同土地所有者的数目成比例，或毋宁说，同属于他们所有的土地的产品成比例。

魁奈为这段引文加了下述脚注："坎蒂隆，《论商业》第十、十一章"。我在查对《百科全书》原版时，在第七卷第 821 页发现了以这种方式引证的上述引文。有趣的是，引文不是像引号所假设的那样严格地逐字引用的。相反，它是从第十、十一章的不同地方摘录到一起的。总之，我们在这里掌握了确凿无疑的事实，即公认的重农学派的奠基者，在他的早期著作中，明确地将其理论体系的基本论点归诸坎蒂隆的《概论》。不仅如此，在《概论》发表仅仅两年后，他就把《概论》同人们所猜想的此文作者的名字联系起来了，没有人比魁奈更有资格这样做。

不乏证据表明，英国经济学作者也曾受惠于坎蒂隆，尽管他们并不像魁奈那样坦率地承认这一点。我遗憾地发现，在 1757 年和 1758 年出版的哈里斯的《论货币与铸币》中的较早章节，显然是从坎蒂隆那里抄来的。这本书，就其主要题目——货币而言，写得极为出色，因而他其实并不需要去剽窃同时代的一部法文出版物。

书中不仅没有提到坎蒂隆，而且，在前言中我们被告知，“为了扫清道路，为了更好地把事物置于它们的首要的和真实的原则基础上，对财富和贸易做一个总的考虑，一直被认为是必要的，而这正是第一章的主题”。不幸的是，这一章基本上是坎蒂隆《概论》中一些段落的摘编。“土地和劳动一起是所有财富的源泉”。这里有取自《概论》第59页的三地租学说。这里还使用了前面提到过的钟表发条的例子。在第八节出现了后来被斯密引证过的土地和劳动的平价理论。在第八节，工资的差异被解释为取决于风险、工作熟练程度、所要求担负的责任，这里使用的几乎是坎蒂隆的原话。

与他同时代的另一位较重要的作家，即马拉奇·波斯尔思韦特，竟厚颜无耻地把坎蒂隆《概论》的某些部分包括进自己的书里。名曰“大不列颠的真正制度”云云的那本书是于1757年在伦敦出版的。从第148页到153页，我们发现了略加删节的坎蒂隆论土地和劳动那一章，即第十一章。在结束这段文字的时候，波斯尔思韦特提到了威廉·配第爵士1685年的手稿。但他所使用的介绍方式却很容易使人以为是他自己在直接引证那份手稿。在引用了坎蒂隆的其他一些内容，包括三地租说、钟表发条和水的例子以及其他一些论述之后，波斯尔思韦特这样总结了他的——实际上是坎蒂隆的——价值理论：“我相信，从这些例子和解释中可以看出，任何东西的价格都是在其生产中所使用的土地和劳动的内在尺度。”

在《概论》原文的许多地方，我们都看到作者提到某一包含着许多具有统计性质的计算的附录。这个附录一直没有被发现。《新传记大全》的作者推测，1759年出版的《分析》包含了这个附录,这是完全错误的。作者在弗雷隆的《文学年鉴》中说,他认识某个曾亲眼见过这个附录的手稿的人。但这种说法同他以前的另一种说法是难于调和的,因为他曾说没人知道《概论》是怎么出版的。格里姆的《通信》说,附录据信在1755年丢失了,尽管作了很大努力也未能找到它。但是,这些作者是否真的对这个问题有所了解,似乎是值得怀疑的。

那个有趣的问题依然没有解决:究竟谁是这本杰出的《概论》——真正的"政治经济学的摇篮"——的作者?就当时的情况来看,18世纪中叶在巴黎出版的这本书,真是出自那个被称为作者的人的可能性是很小的。当时的政府的专制性质,似乎使在扉页上作伪的习惯达到了惊人的地步,这样也就使文学史上的事件真伪难辨。在《概论》出版的1755年一年内,在法国出版的书籍中,有不下九十本在其扉页上冒称是在阿姆斯特丹、伦敦、布鲁塞尔、威尼斯、柏林、维也纳、科隆或其他城市付印的。

通过各种办法掩盖作者也是常有的事。福本纳斯就是用勒克莱尔、杜·T.先生等假名写作的。有的作者经常以某些英文著作的意译的形式,提出一些令人不快的观点。例如,福本纳斯在他《英国商人》中就是这样做的,该书是以金的《英国商人》为基础的。约翰·卡里的《贸易演讲》被改写成《关于英国贸易状况的论文》。根据麦克库洛赫,后者在一切方面都比原著更有价值。有一本据称是于1754年在莱顿出版的著作,其作假方式是十分复杂的。根据扉页上的说明,该书是约翰·尼科尔斯爵士的英文著作的法译本,书名为《关于英法之间优势与劣势的看法》。在注明写于"伦敦,1752年"的前言中,约翰·尼科尔斯首先向尊敬的布里斯托尔的牧师乔赛亚·塔克表示歉意,因为他采用了塔克的短文《论英法在贸易方面各自的优势与劣势》的标题和部分内容。现在,据我们所知,事实上从来就不曾有过什么约翰·尼科尔斯爵士。我们在劳伦斯·菲利普的极有价值的参考书《传记参考词典》中根本找不到有关他的条目,这一事实几乎足以证明这一点。附于《政治讲演》第二卷的该书的广告也证明了这一点。真正的作者据认为是普吕马·德·当杰尔。但这一问题又因下述事实而复杂化了:他对乔赛亚·塔克著作的巧妙的改写本后来又被译成了英文。

那么,这部题为《商业性质概论》的著作是否更可能是当时某个聪明的法国经济学家的作品,仅仅由于谣传,著名的坎蒂隆才被当作了该书的作者,之所以采用"英国方式",是因为它当时在法国很吃香。扉页上关于原书是由伦敦的弗莱彻·盖尔斯出版的说法无疑是假的,关于该书是从英文原文翻译过来的说法据信也是假的。因为在前面的引文中,格里姆和弗雷隆都明确表示,他们并不了解有关真正手稿的存在、译者或出版者的姓名等情况,所以我们对每一件事都大有可怀疑之处。我曾费很大力气试图解开疑团,但只取得可疑的成功。

关于译文的问题,我的法语还没好到能够区别由英文原文翻译过来的法语同由一位有教养的英国爱尔兰人所写的法语在风格上的差异,因而,关于这个问题只好接受所有法语权威的看法,即它可能是一本翻译过来的著作。不过,关于《概论》作者到底是谁的问题,大概可以根据我一直十分注意的那些内在的证据加以推断。一个难于解释的事实是,在前面引用过的有关牛顿就英国通货问题提出报告的段落中,有一个明显的年代错误。文中把英国的通货混乱说成是发生在1728年。事实上牛顿死于1727年,他的报告写于1717年。这个日期的错误几乎不可能是印刷错误所造成的,因为它是用数词详细写出的,只是在最初的英译本中才被抄成数字。不可能设想:在牛顿去世时或此后不久写这本书的坎蒂隆会犯这样的错误;但是这种讹误对于一个在四分之一世纪后从事写作的法国作者来说,却是可能的。

这本书在风格上也有许多地方令人怀疑它是否真的出自一位繁忙的金融家的大手笔。该书正文的第一句话就具有浓厚的哲学色彩:"土地是所有财富由以产生的源泉或质料。劳动是生产它的形式"。这里,我们看到了亚里士多德哲学中对质料原因和形式原因的准确区分。此外,第132页上的脚注(整本书中的唯一脚注),也包含了一些非常学究气的东西。对于牛顿的白银是唯一的真正货币的见解,脚注加了这样一句话:"牛顿先生为了形式而牺牲了内容"。即使假设确实存在着理查德·坎蒂隆的一些真正的手稿,魁奈时代的无数聪明的经济学家中也可能有不止一个人对这些手稿进行过加工,使它们成为首尾一贯的论文,尔后又把整个事情推到坎蒂隆和弗莱彻·盖尔斯头上。

然而,也有许多理由使人们倾向于相信《概论》确实是理查德·坎蒂隆的作品。在这本书中,我一直未能发现任何暗示或其他的内在证据可以证明,该书有哪一部分的写作时间晚于坎蒂隆还在世的1725年,或在此前后的一段时间①。书中的许多地方富有反映伦敦生活的地方色彩。在第97页,我们被告知,伦敦酿酒

① 杰文斯没有注意到,在《概论》的第128页曾提到过1730年。

商习惯于按百分之五百的年利把桶装啤酒赊给酒店老板;据说,即使他们的开酒店的债权人[①]中有一半破了产,他们还是能够变得越来越富有。在下一页,作者还提到了伦敦鱼市场的卖鱼妇的某些事例。但是,该书也有相当浓重的法国地方色彩。书中所引证的大多数作者是英国人,他们是威廉·配第爵士、达文南、洛克、哈利、格雷戈里·金、牛顿等等。根据我的记忆,书中唯一指名提到的法国经济学家是沃邦。他的著作《王国什一税计划》出版于1707年,他在《概论》的第75页上受到了谴责。不过,在书中的第50页和第88页上,作者分别提到了某位布瓦扎德先生和一位不曾指名的法国作者。

然而,关于这本书真是出自一位能干的金融家,而不是某个在魁奈时期发表过许多这类短论的书生气的经济学家之手的最好证明是,全书处处反映出作者对贸易活动的过程极为熟悉。该书的后半部,特别是第三部分几乎不可能是伪托之作。至于包含了为魁奈所采用的原理的第一部分,我的把握则不太大。但是,因为该书是如此首尾一贯,并组织得如此紧凑,所以,如果它是像"约翰·尼科尔斯爵士"的著作那样的一部混合物和冒名之作,这位伪造者的技巧就很难不令人佩服得五体投地。

如果说坎蒂隆的《概论》是政治经济学的真正摇篮,那么这门年轻的科学的诞生地又在哪里呢? M.维尔茨说,"化学是法国的科学。"拉瓦西埃的不朽著作《化学基础》是化学的摇篮。我们对经济科学的国籍能得出什么结论呢? 如果我的仔细而艰苦的考证没

① 似应为债务人(borrowers)。——译者

有错的话，则情况是这样：第一部系统论述经济学的著作《概论》似乎出自一位银行家之手，该银行家具有西班牙人的名字，出生在凯里郡一个爱尔兰人的家庭里，在哪里长大我们不清楚，后来在巴黎经商，但显然是在阿尔比马尔大街被人暗杀的。《概论》是用英文写的还是用法文写的无人知晓；在巴黎首次是以法文译本的形式刊印的，据称所依据的版本的出版人是弗莱彻·盖尔斯，出版地点是霍尔本，出版单位是格雷法学协会。此后，该书重又被翻译成英文在英格兰出版，译文不仅很拙劣，而且多有曲解之处，受到了批评家的指责。人们错误地认为译者是作者的兄弟，一个住在伦敦的商人。此书曾被亚当·斯密错误地引用过一次，除此以外，直到今天此书在英国一直湮没无闻，完全没有被人理解。但在法国，此书却一直被明确认为是法国学派的各种主要思想的源泉。众所周知，法国学派在很大程度上是《国富论》的基础，而且就该学派的许多学说来看，它注定将被人们认为是经济学中真正科学的学派。那么经济学是什么国籍呢？这个问题现在读者可以自己去回答。

W. S. 杰文斯

理查德·坎蒂隆的生平和著作

理查德·坎蒂隆的生平

自从杰文斯[①]披露他发现理查德·坎蒂隆以来，半个世纪已经消逝。这一发现，犹如一位考古学家发掘出天长日久积满泥沙的一尊雕像，把它置于相配得体的基座上，并且首次对它作了淋漓尽致和准确无误的描述。《当代评论》上的那篇文章并不标志着他对坎蒂隆之谜的兴趣已告结束。坎蒂隆的手稿下落如何？谁继承了他的财产？英文论文、附录和法文手稿是否依然存在？或许杰文斯心中正是带着这些问题，到萨默塞特邸宅[②]查阅了理查德·坎蒂隆和菲利普·坎蒂隆的遗嘱[③]。他在那里一定会发现理查德·坎蒂隆曾经卷入许多诉讼案，而杰文斯此人绝不会忽视这类线索。可是，他还没有来得及追踪探究，便因无妄之灾于 1882 年 8 月 13 日亡故。

---

① 威廉·斯坦利·杰文斯(1835—1882)，英国资产阶级庸俗经济学家、统计学家和逻辑学家，资产阶级庸俗政治经济学中边际效用学派的创始人之一，数理经济学派的早期代表人之一。——译者

② 萨默塞特邸宅(Somerset House)，在伦敦，其中有些地方专门存放已检定的遗嘱。——译者

③ 《威·斯·杰文斯的书信和文章》，1886 年，第 125 页。

在“皇家经济学会”成立之前，人们很少再听到坎蒂隆的事情。《经济学杂志》的创刊号出版于1891年，载有威廉·坎宁安博士的一篇学识精深的文章，题为《18世纪英国经济学说的进展》，涉及的时期是1688年至1776年。文章列举了一大批著作家，但没有提及坎蒂隆和他的著作。看来，坎蒂隆似乎再次被人遗忘，杰文斯的写作也徒劳无功。有一个人既未忘记坎蒂隆也未忘记杰文斯，他就是福克斯韦尔教授。在1885年至1887年我所聆听的讲课中，他强调了《概论》的重要性，并提到杰文斯的文章。由于他的鼓励和帮助，我才作了努力，进一步发现了坎蒂隆的一些情况。在萨默塞特邸宅、大英博物馆、伦敦国家档案馆，以及巴黎国家档案馆和国家图书馆所作的研究，使大批文件重见天日。《经济学杂志》第1卷上关于理查德·坎蒂隆的一篇文章(第261—291页)就是以这些文件为基础撰写的。这篇文章似乎引起了人们更大的兴趣。哈佛大学邓巴教授同我商量了重印《概论》的问题，还请我为《概论》作序，并为哈佛大学的《经济学季刊》撰写一篇文章，题为《坎蒂隆在经济学上的地位》[①]。自此之后，再也没有出现有关坎蒂隆生平的新情况。埃斯皮纳先生的《经济学说史》(巴黎，1891年，第179—197页)，对坎蒂隆颇为重视。罗贝尔·勒格朗先生写了一篇题为《理查德·坎蒂隆》的博士论文(巴黎，1900年)，但毫

① 第6卷，1892年，波士顿，马萨诸塞州，第436—456页。

无独创性见解[①]。季德教授和利斯特教授在他们的《经济学说史》(巴黎,第5版,1926年,第53页)中写道:"已有一个多世纪无人谈论的理查德·坎蒂隆,现在变成脍炙人口的人物了。"[②]自1891年以来,许多著作家的评述非常之多,不胜枚举。现在,《经济学杂志》第1卷已经绝版,因而非常稀缺。1891年文章的梗概业已重印,略有修改和增补。

杰文斯推测坎蒂隆家族有西班牙血统,但是没有任何事实可资佐证[③]。

在巴黎国家图书馆收藏的手稿里,有詹姆斯二世的宗谱纹章官詹姆斯·特里写给我们作者的一封信的草稿或抄件[④],署明1724年2月24日发自凡尔赛,致在伦敦的理查德·坎蒂隆(原文如此)。信中说:"我感到遗憾,你知悉我随已故国王远道而来,而且当时带有他的王国档案,却致函爱尔兰霍金先生索求你的家谱。我已函告康默福德上尉:你家族中跟随国王亨利二世在'征服'时登陆的第一个人是休·坎蒂隆;你家族中跟随'征服者威廉'[⑤]到

① 他断言坎蒂隆曾游历美国、印度、波斯、中国、日本等国。如果这是正确的话,倒是一件新的事实。但是,从上下文看,这是对哈佛大学刊物的那篇文章中的一段话作了错误的理解。这段话紧接我所说的旅行和贸易是坎蒂隆的两位伟大导师,载于上述刊物第440页。

② 原文为法文。——译者

③ 阿瑟·杨提及,格拉摩根郡的布里金德附近,有一个名叫坎蒂隆的教区,参阅《英格兰和威尔士南部诸郡六周游》,第3版,伦敦,1772年,第164页。可是,毋庸置疑,坎蒂隆家族是法国血统。

④ 蓝皮案卷3889号。

⑤ 征服者威廉(William the Conqueror 1027? —1087)原为法国西北部诺曼底公国的公爵,1066年率领诺曼底人渡海征服英国,成为英王威廉一世(1066—1087)。——译者

达英国的人也就是跟随布利恩的戈德弗鲁瓦参加‘征服圣地’的那些人；我交给你表兄理查德爵士的纹章并非属于你的家族，它们属于已有变化的一支旁系，大概有一个蜥蜴；由于你们父子名字中的姓氏长期绵延至今，我无法记住这个错误从何而来。我向康默福德先生建议，你应该把从属者（即妻系）家谱同这旁系联系起来，我指的是奥莫霍内家族（the O Mohoneys）……。”其他的家谱材料非常之多，但都互相矛盾。在《贵族历史评述》中（巴黎，1841 年，第 8 卷，第 3 部分，第 28 页及续页），有一篇《坎蒂隆家族的历史概述、家谱和传记》（大英博物馆，藏书的书架号 pp. 3832）。这是一篇遴汇许多纪实材料的说明，附有家族纹章。它由爱尔兰绅士奥埃斯（O'S）骑士于同年重印（巴黎，第八卷，第 8 页），并从 J. 伯克的《宗谱纹章图解说明》中汲取材料进行增补。我们从中得知，这个家族曾长期占有巴利希涅城堡，而且根据农民们的指点，坎蒂隆家族的古时墓地在克里海岸以外的一个小岛上，退潮时可以看见。他们曾与斯图亚特家族[①]结成联盟，并坚定不移地同它站在一起。巴利希涅的第六代男爵于 1536 年同伊丽莎白·斯图亚特结婚。这篇文章谈到 17 世纪时，提到一个名叫理查德·坎蒂隆的人。他跟随詹姆斯二世到了法国，率领一连龙骑兵在博伊恩作战时受伤，以后被授予“忠君骑士”称号[②]。在上述档案材料中，有一张他的收条，说明他向詹姆斯·特里的女儿凯瑟琳·特兰特交付丝绸后收到一百零七里弗尔，署明 1695 年 7 月 11 日，巴黎“圣奥诺雷街

---

① 斯图亚特家族曾于 1371 年至 1603 年统治苏格兰，以后又统治英格兰和苏格兰，至 1714 年为止（1649 年至 1660 年的联邦时期除外）。——译者

② 汤申德侯爵原稿，历史原稿委员会第十一次报告，IV. 157。

9号”。以后,他在巴黎阿伯雷区街开设银行,业务繁忙。有一批文件证明他从事各种各样的活动。1717年8月5日他去世时,人们发现他已无力偿还债务,其资产为六万八千二百里弗尔,负债却达三十一万里弗尔。受托管理人(我们应该用此称谓称呼他们),按其破产后的财产偿付了百分之二十五的债务。这时,我们的理查德·坎蒂隆出场了。根据受托管理人提出的一份署名的声明,小理查德·坎蒂隆(本人是最大的债权人之一),慷慨地清偿了余下的四分之三的债务。推动他这样做的唯一动机,是他希望保持一个同名同姓者死后的名声[①]。

根据《贵族历史评述》,经济学家坎蒂隆是那位骑士的堂兄弟,可能生于1680年至1690年间。1722年,他同玛丽·安·马奥尼结婚[②]。她是巴黎富商达尼埃尔·马奥尼的女儿。她的母亲曾是查尔斯·奥·布里恩的遗孀克莱尔夫人。奥·布里恩倘若不是由于死亡而丧失爵位,应是克莱尔子爵。他曾护送詹姆斯二世的王后到巴黎,因在拉米伊受伤身亡。法国著作家把达尼埃尔称为奥马尼(Ommani),而H. R.特德先生把奥马尼错误地揣测为奥马内(Ommaney)[③],但这显然是奥·马奥尼(O'Mahony)法语化后的形式。我们的作者最初是不是伦敦的银行家(像有时被断言的那样),是值得怀疑的。他在那里可能充当理查德爵士在巴黎的房屋的代理人。但是,1724年5月18日,他在休斯诉穆尔一案中宣誓作证(档案馆衡平法庭记录第1441页),他“承认他生来就是大英

① 国家图书馆,卷号2740。

② 结婚时分授财产给妻子的处理日期为1722年2月16日。

③ 《国民传记辞典》,“坎蒂隆”条目。

帝国女皇陛下的公民，曾在巴黎城从事银行家业务达数年，至大约1719年8月初为止。大约此时，他离弃银行家行业或业务，在巴黎这位被告的房屋里开设埃德蒙·洛夫特斯公司，以便在那里经营银行家行业和业务。这位被告在上述房屋内除了作为这家公司的隐名出资者以外，在其他方面同他们毫无关系……。在……之后，这位被告到了意大利，并于1720年2月……(没有具体说明)从那里回到巴黎。由于有理由对经营管理感到不满……，同上述契约条款脱离关系”，随即“在小理查德·坎蒂隆(这位被告的姪儿，当时年约四岁)和约翰·休斯之间缔结作为银行家的合股关系”，约翰·休斯“在此之前已是伦敦的一位银行家”。坎蒂隆筹集了全部资金五万都尔里弗尔，按规定应得三分之二的利润，休斯得三分之一，而这位姪儿仅得其叔父允给的数额。合股契约规定对坎蒂隆的房屋(巴黎莫诺伊街萨马里旦别墅)的前面一部分，每年付给他一千二百里弗尔，而房屋的后面一部分由坎蒂隆留作自用。合股契约的期限为二十年，但可以在任何时候按坎蒂隆的意愿终止。坎蒂隆按规定应拥有最高权力，然而对超过其五万里弗尔以外的任何损失不承担赔偿责任，因为他是唯一的隐名出资者。“在许多国家，所有商人和店主都知道隐名出资者是这样的人：他开设一家商号，有责任鼓励和支持该商号，但他的名字与这家商号无关，对那里的任何交易不承担责任。隐名出资者和这家商号之间的私人契约，同这家商号的业务的信用或货币完全分离。”

这一点已由一份铅印文件所证实。这份文件是关于刑事法庭处理的巴黎服饰用品商人理查德·坎蒂隆的案件，题目是“关于被告和申诉人理查德·坎蒂隆的诉状，巴黎圣米歇尔桥下安德烈·

纳彭家，仁慈的护国公，1730 年，页码 18 页。"[①]巴黎的银行家让·卡罗尔和雷米·卡罗尔兄弟抨击他发放了"大量的高利贷"，并逃到英国，让休斯蒙受其债权人的困扰。他们说，"1716 年他收到的服饰用品商人的一封信说，这位总是自命为爱尔兰绅士的理查德·坎蒂隆，出生于诺曼底地区的瑟堡城。"[②]他们控告他欺骗了他们。1729 年 11 月 11 日，在他有一次到巴黎逗留时，他们促请有关方面将他逮捕并监禁于夏特莱。次日，他被释放。可是，由于他们再次提出他是外国人，有可能离开该国，他又被囚禁于巴黎裁判所的附属监狱，但不久即获释[③]。关于坎蒂隆的"诉状"说，"坎蒂隆先生原籍爱尔兰，1716 年迁居法国。他在那里从事银行的民众贸易业务，在很短的时间里该业务变得十分兴旺。1719 年开始发展起来的著名制度，对他的吸引力并没有像对其他人那样大，恰恰相反，他已经预料到风暴将要来临。他认为应当设法躲过这场风暴。这使他放弃了在他看来危险太多的贸易业务。他把所有的文件锁在一个保险柜里，又把保险柜交给昂热的贝内迪克坦教派，然后去意大利。他还把书信交给一个名叫洛夫特斯的人。他同此人于 1719 年 7 月 31 日开设了一家普通的有限公司。"[④]

① 国家图书馆，卷号 2740。这份文件很有趣，因为坎蒂隆就对外汇兑的经营过程写了一份备忘录，作为其辩护律师的辩护状的依据。

② 原文为法文。——译者

③ 参阅"巴黎银行家让·卡罗尔和雷米·卡罗尔兄弟诉巴黎服饰用品商人理查德·坎蒂隆的诉状……巴黎，1730 年，安德烈·纳彭家，1730 年"，页码 32 页。国家图书馆，卷号 2838。

④ 原文为法文。——译者

格里姆于1755年所作的关于坎蒂隆的叙述(杰文斯曾经提及,见本书第155页),是《一般传记》上那篇文章的基础。坎蒂隆同奥韦涅公主和约翰·罗通信中的有关谈述①,大体上证实了它的准确性。他在其中的一封信(1730年6月21日发自巴黎)中写道:"我感到如果我从与休斯的合股关系开始的时候就留在这里(你知道搞阴谋诡计的大臣〔即罗〕使我这样做会有危险),那么我就绝对不会卷入这些诉讼案中的任何一件。"罗之所以对坎蒂隆怀有敌意,不仅是由于坎蒂隆直言不讳地怀疑他的阴谋,以及他做空头的证券交易,而且还由于他的汇兑业务,因为坎蒂隆把大量钱款汇往伦敦和阿姆斯特丹,并从他所预见的货币波动中牟取暴利。波伊斯伯爵的女儿玛丽·赫伯特夫人是坎蒂隆的一位客户,也是哄抬密西西比股票价格的一个大无畏的投机者。她连续不断地购买股票,其办法是存入股票作为担保来取得贷款再购买更多的股票。她的兄弟蒙哥马利勋爵,她的丈夫约瑟夫·盖奇,以及她的姨母卡林顿子爵夫人也都如法炮制。然而,坎蒂隆说他曾告诫他们各位把股票全部卖出,因为行情定会下跌(他的告诫是适度的,符合于当时法国的习惯)。他把玛丽夫人和卡林顿夫人说成是他的朋友。卡林顿夫人说:坎蒂隆"以高昂的价格全部卖出他的法属印度股票和其他证券,并将钱款汇往英国和荷兰,以此购置一笔庞大的地产"。卡罗尔兄弟俩像其他银行家一样,也被感染了。他们的业务在一定程度上受到了1720年3月11日诏令的影响。这项诏

① 欲了解这一点,参阅《经济学杂志》,1891年,第279页等。

令规定逐渐增加法国克朗的价值,使它到年底约值五十便士[①]。赫伯特一家说,他们认为这项诏令将会产生预期的结果。但是,他们拿出坎蒂隆致休斯的一封信(1720 年 4 月 29 日发自伦敦),表明坎蒂隆预测克朗的价值不会超过约二十八便士,并告诫他们仅仅预付十八便士的保证金。在各种诉讼案中,对他的主要控告是他无权出售存在他那里的股票,因此他所赚取的利润应属于存户。对此,坎蒂隆的回答是这些股票既无编号又无标记,而且任何时候他都能够并愿意应索付出股票。还有一项控告是说他发放高利贷,“攫取汇兑差额达六至八个月(……所在地方的汇兑差额在那个月大约为百分之三十)。”他认为这个控告是毫无道理的。至于他向法国以外的国家汇出的款项,“原告对此没有申诉”。他“感到惊讶的是,L 先生(即约翰·罗)竟然说这些国家曾是公开宣布的而又结束敌对状态的敌国”。这里面牵涉的款项非常之大。他在高等法院里得到的判决是从蒙哥马利勋爵那里取得四万多英镑。他还根据卡林顿夫人的亲笔短笺提出起诉,要求她付出二万英镑,并对盖奇提出起诉,要求他付出约一万英镑。在卡罗尔兄弟俩提出的诉讼中,他也获得胜利。卡罗尔兄弟俩曾开出要求阿姆斯特丹付款四万一千弗罗林、期限为八个月的汇票,坎蒂隆于 1720 年 3 月 20 日向他们预付了三万五千弗罗林。看来,他对全部对手都答辩得很好。举措轻率的银行家因货币价值的“大起大落”而蒙受

① 1719 年 12 月的铸币,到 1720 年 3 月 1 日,价值为一马克(八盎司)白银值六十五里弗尔。根据 5 日的诏令,它们的价值定为九十七里弗尔十苏。同月 11 日的诏令规定它们逐步贬值,到年底为三十二里弗尔十苏。

的损失究竟何等惨重，可以从波斯尔思韦特的陈述中[1]得知。他说，1715 年在巴黎大约二百个银行家里，只有三四个幸免于克朗“贬值”。1720 年，他们的损失可能非常严重，其中许多钱款落入坎蒂隆的腰包。《概论》第三部分第五章的一些段落，就是有关其亲身经历的生动评述。

最近在档案馆发现的一份文件[2]有助于清楚地了解赫伯特的一宗交易。玛丽·卡里尔夫人(母家姓赫伯特，但此时已是第二次成为孀妇)，在衡平法庭对一位名叫斯特里克兰的人提出控告。被告的答复包括她写给法庭的一封信(但它与诉讼案的关系并不清楚)，署明 1730 年 10 月 6 日发自塞维利亚。信中说，1720 年 2 月 20 日，她从坎蒂隆和休斯那里借到一张一万英镑的汇票，规定三个月内在伦敦偿付。几天之后，这张汇票在英格兰银行打了折扣。休斯要求她提供担保，她给予他八百张最好的法属印度股票，当时值三万英镑。这些股票在 5 月份可以卖得二万二千英镑，在 6 月份大约可卖得一万二千英镑，但以后贬得几乎一钱不值。在第一次借款之后，她于 4 月份又借了一万二千英镑，以蒙哥马利勋爵支付一万八千六百六十五英镑的一张汇票作担保。她说这张汇票的利息是百分之五十五，期限为九个月。她还说，坎蒂隆对这百分之五十五的利息本该心满意足，不应攫夺她的另一半利息。可是，由于她作为担保的证券已被立即卖出，他实际上是用她自己的钱借给她，另外还占有他手中保持很久的钱款所生的利息，总共向她骗

① 参阅“辞典”的“铸币”条目。

② 号码为 CII/III/5。

取了近七万六千英镑。这“必然使坎蒂隆的面目显得十分可憎”。坎蒂隆对此如何答复是不难想象的。他所发的一笔大财是在建立坎蒂隆和休斯公司之前得到的。坎蒂隆的出纳员说,他几天内就从其业务中获利二百五十万。他的表兄弟伦敦银行家马丁·哈罗德的账簿表明,在1719或1720年3月至1720年或1721年3月的一年里,有一百万以上的付款归入坎蒂隆的账户。这个账户曾由哈罗德呈请法庭备案。

约翰·休斯于1723年6月9日在巴黎突然死亡。他的孀妻埃丝特·休斯提出起诉,要求坎蒂隆偿付她丈夫作为公司合股者应得的款项。她把坎蒂隆致休斯的几封信交给赫伯特兄弟。坎蒂隆在其中一封信里写道:“你一定记得,在我们最初商讨这些计划时,你心甘情愿地挺身赴险……。倘若玛丽夫人的事情变得不利于我们……,那么你除了逃之夭夭或身陷囹圄外,别无他途……。接受监禁十二个月而不让我们的全部计划遭到毁灭,便是你自己的利益所在,因为你若坚持这一行动方向,就能确保你的家庭得到赡养。而且,假如一切都事与愿违,你也会处于一种平常的状态。”出狱之后“在你的房屋里重操旧业……依然是切实可行和轻而易举的。”赫伯特兄弟说:“所说的计划……是:把钱借给几个人,以法属印度股票作为担保;获取法国克朗的高额贴水或预付价格;全部卖出这种股票,并将由此得到的钱款汇寄外国,以便把它们变为英国货币而牟利;在以这种方式同他们做交易的人给予的汇票和票据……到期之后……,迫使这些人全部偿付那笔款项,并且不透露他们已经卖出上述股票而获得钱款。”他们断言“小坎蒂隆和休斯之间的这种伪装的合股关系”乃是“一种掩护”,而且是基于“预谋

的骗局”，即如该计划执行得很糟糕，休斯这个充当挡箭牌的人就要进入监狱，从而避免资金上的后果；如果事情“向另一方向发展”，老坎蒂隆则可发财。

与此相反，埃丝特·休斯却辩驳说，虽然坎蒂隆控制了这种合股关系，但这是真正的合股关系。她还说坎蒂隆做了不少大宗交易，当这些交易获得成功时，如1720年从约翰·科尔布鲁克购得大约四百万里弗尔的铜而十分有利可图时，他就声称是用他私人账户中的钱款支付的。当生意突然遭遇噩运时，如向约翰·罗的兄弟威廉·罗贷款二万英镑而看来毫无收回的希望时，他就让这笔款项归入合股关系的账户。坎蒂隆反驳了这些指控，并说这种合股关系还欠他一万多英镑。休斯夫人要求法院发出一份不准涉案者出国的书面文件。对此，坎蒂隆作了答复（1724年5月18日），他说，“自从他定居伦敦以来，在最近几年里，他的业务或志趣吸引他去向海外，然后又回到伦敦。1724年春，必要的业务需要他出国，他打算携其夫人去那不勒斯和意大利的其他一些地方……，然后再回伦敦居住。”为了实现这一要求，坎蒂隆向法庭交存了足够的保证金。1726年（当时设立了最高法院助理会计长办公室），衡平法庭的一位协助法官听取证据和作出报告的官员，向收款处交存了休斯诉坎蒂隆一案的三千四百五十英镑的南海公司股票和二百零九英镑五先令的现金（显然是自然增长的利息）。由于休斯夫人的证人在国外，她感到难以推动其诉讼取得进展。1726年10月27日，应坎蒂隆的请求，属于利息的一笔三百英镑现金付给了他的律师。休斯夫人去世时，她的儿子、遗产管理人约翰·休斯仍坚持诉讼，直到1752年斯塔福德伯爵夫人吁请撤消诉讼而获

得成功时才结束[1]。法院下令从累积的钱款中拿出四千零九十五英镑的南海公司股票和一千八百三十八英镑的现金付给她。所以,看来坎蒂隆在法庭上击败了全部对手。这一诉讼案的证词写明伯爵夫人的出生日期是 1728 年 10 月。

1726 年,坎蒂隆一家开始出外旅行。他频繁地写信给他的朋友加文。加文援引了几封信,但不愿让其他的信载入记录,因为它们“充满许多丑闻”。这些信件署明 1726 年发自巴黎阿布维尔附近南彭(这是他将近六年里第一次到达该城)、鹿特丹、布鲁塞尔和科隆,1728 年发自维罗纳、尚贝里、日内瓦和巴黎,1729 年、1730 年和 1731 年发自巴黎,1733 年发自布鲁塞尔、巴黎和乌得勒支。

对科文特加登[2]圣保罗街的户籍册所作的调查,未能找到有关坎蒂隆的内容。然而,威斯敏斯特城的地方税册表明,1721 年年中之后,他占有围成皮亚察广场的四所大房子中的一所,一直交纳地方税至 1729 年为止。1730 年至 1732 年的地方税册已经亡佚,但 1733 年的地方税册中没有关于他的记载。他在皮亚察广场的邻居是奥福德伯爵,哈里·阿舒斯特爵士和 E. 古奇先生(他的朋友埃德蒙·古奇?)。皮亚察广场的房子曾遭毁坏,代之以“新剧场”,或称“科文特加登剧场”,于 1735 年顶替这些房屋交纳地方税。阿尔比马尔街的地方税册里没有坎蒂隆的名字。他死时所在的房屋,在地方税册中登记为属于埃·库克先生(1734 年 4 月 15

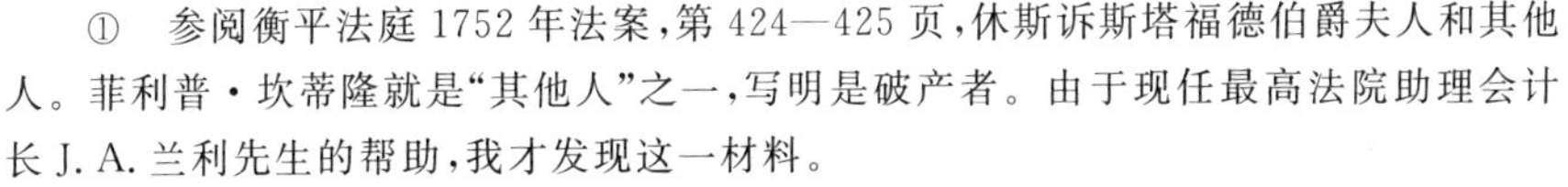

① 参阅衡平法庭 1752 年法案,第 424—425 页,休斯诉斯塔福德伯爵夫人和其他人。菲利普·坎蒂隆就是“其他人”之一,写明是破产者。由于现任最高法院助理会计长 J. A. 兰利先生的帮助,我才发现这一材料。

② 科文特加登是伦敦威斯敏斯特城的一个市场区。——译者

日),收税官注明为“无人居住”,这很可能是在火灾之后。但看来很清楚,坎蒂隆只是在死前不久占有这所房屋,而且他的家仆大部分是新近雇用的。

1734 年 5 月 13 日(星期一),坎蒂隆十分忙碌,同他的朋友弗朗西斯·加文在伦敦中殿法学协会[①]加文的房间里进行了磋商,还到伦敦城同其他人商谈。他的马车夫宣誓作证说,“他和他的主人整天外出到中殿法学协会和其他地方,特别是到威斯敏斯特女皇广场的一所房子。他从那里策马,于晚上十时把主人送到家门口下车。”他的贴身男仆提供的证词说:“昨晚大概十一时,他开门让主人进入。他的主人像往常那样在起居室里脱下衣服,拿起蜡烛和书,很快躺到床上,并告诉这位受审查者他要看书。”他的惯常做法是在床上读书三小时左右。大约星期二凌晨三时半,有人发现他的住宅着火。这住宅是在阿尔比马尔街的东边,处于圣约翰子爵的住宅和珀西瓦尔先生的住宅之间。居住在“这条街另一边”的佩内洛普·康普顿夫人于 5 月 14 日写道[②]:“人们还没有来得及搞到水,熊熊的烈火已把两所房子全部烧毁。”家里有三个男仆和两个女仆,但坎蒂隆却是唯一的受害者。人们很快明白,他是在房子着火以前被杀害的。他的尸体已被焚为灰烬。1734 年 6 月 6 日的报纸报道:“昨天,检查者完成了对已故坎蒂隆先生的住宅余

① 在伦敦,有四个享有检定律师权力的法学协会,中殿法学协会是其中的一个。——译者

② 汤申德原稿,引文第 365 页。

在指定的遗嘱执行人的说明中,有一条写道:“由一位丧葬承办人埋葬了这位理查德·坎蒂隆的遗骸,六英镑二先令六便士。”这说明葬礼是在伦敦举行的。

烬的调查,没有见到金银餐具、钱币或珠宝。这种情况无可否认地表明住宅在焚烧以前已遭抢劫。他的遗孀已于昨晚从巴黎到达这里。”据说她“即将分娩”。仆人们都被逮捕,并在伦敦中央刑事法庭被控谋杀而受审,但经过五个小时的审讯后宣判无罪[①]。看来凶犯是一位法国人,名叫约瑟夫·德尼埃,别名勒贝纳。他曾给坎蒂隆当厨师达十一年,但大约在谋杀发生前十天被解雇。据说他是从住宅后面攀梯入屋的。他逃到哈里奇,企图乘船逃往荷兰。由于班轮没有作好起航准备,他付了八个畿尼,请一位渔民送他过海,因而逃脱了逮捕。

坎蒂隆的遗嘱署明的日期是1732年7月12日,由尚健在的遗嘱执行人弗朗西斯·加文于1735年5月21日进行检定[②]。这次检定无人见证。但是,1734或1735年1月21日,“亲自到场的有科文特加登圣保罗教区的玛丽·安·坎蒂隆(遗孀),汉诺威广场圣乔治大教堂教区的亨利·弗内斯(绅士)和伦敦圣彼得·勒·波尔教区的菲利普·坎蒂隆(商人)。他们分别宣誓说,他们熟识汉诺威广场圣乔治大教堂教区的已故坎蒂隆,经常看到他书写,能认出他的笔迹,并说遗嘱和署名确是他写的。”坎蒂隆除作出有关妻子的规定外,还把遗产和年金享受权留给侄女凯瑟琳,兄弟托马斯和伯纳德,侄儿理查德和托马斯,以及两位遗嘱执行人弗朗西斯·加文和米克尔思韦特子爵约瑟夫·洛德,后者先于他去世。

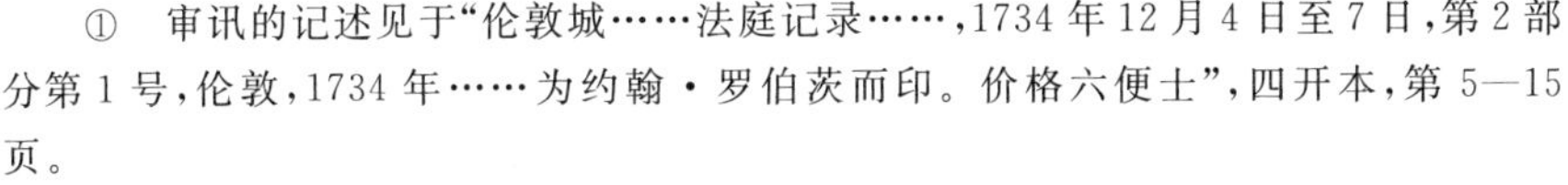

① 审讯的记述见于“伦敦城……法庭记录……,1734年12月4日至7日,第2部分第1号,伦敦,1734年……为约翰·罗伯茨而印。价格六便士”,四开本,第5—15页。

② 萨默塞特邸宅遗嘱验讫登记册,迪西第95卷,1735年5月。

剩余部分则留给女儿亨里埃塔,“她应该得到我的遗嘱执行人的认可和忠告后在英国结婚……。在她故世而无子女的情况下,剩余部分须在我的侄儿理查德·坎蒂隆和托马斯·坎蒂隆之间平分。”

早先没有检定遗嘱是由于加文不愿承担遗嘱的执行事务,因为事情错综复杂,案件悬而未决。他力图使遗孀获准取得有关遗产管理和解决的文件及其所附的遗嘱。由于遗产承受人和债权人的反对,这些努力受挫。结果,通过了一项关于私人利益的议案(编号为 8Geo 土地 II,C.10),授权加文无须通过法律程序即可根据地产多少处理尚未满足的要求[①]。然而,事情并未结束。1736年,我们驻荷兰的大使尊敬的霍雷肖·沃波尔“通知尊敬的斯卡巴勒伯爵:苏里南总督或称苏里南地方长官从那里向荷兰寄发了有关几份文件的意见。那里发现这些文件涉及理查德·坎蒂隆的事情,并揣测这些文件是由谋杀和抢劫这位理查德·坎蒂隆的人中的一个带去的。据说这些文件中有对遗嘱进行补遗或说明的一份附录,以及列述其全部财产的一份清单。”加文担心后面的这份遗嘱会使议会的议案变得“完全无效”。所以,他拒绝进一步采取行动(参阅亨里埃塔·坎蒂隆的诉讼代理人菲利普·坎蒂隆诉弗朗西斯·加文的诉状)。这份遗嘱署明 1734 年 4 月 11 日写于伦敦,指定威廉·斯洛珀和加文为遗嘱执行人。两人都放弃了这一权利,而 1732 年的遗嘱则被搁置一边。1737 年 7 月 6 日,有关遗产管理和解决的文件连同所附的 1734 年遗嘱[②],被批准给予遗孀和

① 金银商图书馆的抄件。这项议案说当时亨里埃塔的年龄约为六岁。

② 若要了解这一遗嘱,参阅萨默塞特邸宅遗嘱验讫登记册,威克第 154 卷和切斯林卷,1761 年。

她的第二个丈夫、尊敬的弗朗西斯·巴尔克利，即克莱尔夫人的侄儿。

这份遗嘱中，有些部分的原文字迹已模糊难认。1743年提出的“斯塔福德勋爵议案”(衡平法庭记录1714年至1750年)，最大限度地援引了这份遗嘱。斯塔福德勋爵娶了坎蒂隆的女儿，并代表她请求巴尔克利夫妇付出一笔款项。这份遗嘱提到的遗产承受人与以前的相同，但由威廉·斯洛珀取代米克尔思韦特勋爵。遗嘱还把在法国的一所房子给了遗孀，法国是“她的祖国”。坎蒂隆财产的细节情况也有所列述。他有大笔钱款存在伦敦、阿姆斯特丹、布鲁塞尔、维也纳和加的斯的银行家手里，在林肯郡的平奇贝克有一份地产，在巴黎有一所房子，在阿尼埃尔有一所房子，在巴巴多斯海关收入中每年有一笔一千英镑的固定收入(“使我花了一万七千英镑”)，有“巴拿马股票六百英镑”，在路易斯安那有一份地产，还有其他年金和由判决所确定的负债人所欠款项，其中卡林顿夫人欠二万英镑，威廉·罗(约翰·罗的兄弟)欠二万英镑。据说他在1734年列出的财产清单还是不完全的。这份清单所列的具体项目达四万七千八百一十英镑和十三万六千四百里弗尔，这可能是其财富的很小一部分。

巴尔克利夫妇对这份产业未予管理。1743年，斯塔福德勋爵获准管理遗产。1751年他去世时，他的孀妻亨里埃塔获准管理遗产。在她去世时，她的第二个丈夫罗伯特·马克斯韦尔(法纳姆勋爵)于1761年12月9日获准管理遗产。1783年12月8日，他们的女儿即坎蒂隆的孙女亨里埃塔，戴莉夫人(母家姓马克斯韦尔)获准管理遗产。

菲利普·坎蒂隆

1733年7月14日，菲利普·坎蒂隆和丽贝卡结婚。她是萨里郡加顿人威廉·纽兰的长女。在结婚时分授财产给妻子的处理中，曾记述他是“伦敦城人，商人，利默里克市詹姆斯·坎蒂隆先生的长子和法定继承人”。他曾是伦敦保险公司的一位经理，早在1725年就与戴维·坎蒂隆在瓦恩福德·科特经营业务。1730年的一份诉状说他和戴维是“银行业务合股者”。1743年4月13日，他被迫宣告破产。1753年5月7日，在控告伦敦保险公司和一位名叫菲茨杰拉德的人的诉状中，曾记述菲利普·坎蒂隆和伦敦人托马斯·曼诺克是保险单经纪人（或称保险办事处经营人）和合股者。他的妻子为确保属于自己而不受丈夫支配的财产，曾提出诉状（1755年3月24日），其中提及他没有子嗣，只有两个女儿，丽贝卡和伊丽莎白。根据《贵族历史评述》，他的女儿伊丽莎白嫁给布拉邦特最高法院大律师奥沙利文（O'Sullivan）骑士。骑士的儿子奥沙利文男爵在1844年是驻奥地利大使，大概就是《贵族历史评述》中提到的奥埃斯（O'S）[①]。

菲利普的遗嘱写于1766年10月18日，检定于1773年1月5日[②]。看来，他的财产所剩无几。他写道自己“不配做一个天主教徒”，并且提到他的女儿在分授财产给其母亲的处理中已有良好的

① 参阅本书第186页。

② 萨默塞特邸宅遗嘱验讫登记册，史蒂文斯卷，1773年。

赡养保障。在写了这些之后,他把一笔小额遗产留给一位男仆,还把剩余财物给了遗嘱执行人斯蒂芬·狄龙先生。他希望他的葬礼办得既节俭又像样。显而易见,他立下遗嘱的时候,已是一个没有职业,又老又穷的鳏夫。

鉴于菲利普并未列入理查德对兄弟和侄儿作出规定的遗嘱里,而且在法律文件中有一份含糊其辞地提到他是理查德的"近亲",所以他很可能是一位堂兄弟。他在坎蒂隆女儿诉加文一案中充当她的诉讼代理人,并悬赏二百英镑寻觅杀害坎蒂隆的凶手,可能是因为在爱尔兰或海外没有更近的亲戚。在这次诉讼中,加文要求得到坎蒂隆的某些文件。看来,这些文件里也许有《概论》的英文手稿,而且菲利普撰写《分析》[①]的时候,也许使用了这份手稿。可是,我现在倾向于认为,菲利普手头除法文印本外,别无其他印本,而且他的扉页仅仅意味着他查阅过英文手稿,即"选自一位已故(deceased)的极有才能的绅士的手稿"。杰文斯似乎认为《分析》标题中的"late"[②]一词意味着菲利普本人就是这位"已故的绅士"。然而,它的意思无非是,菲利普破产之后,在当时至少不再是"伦敦城人,商人"。

《分析》把《概论》删改得面目全非,删却了大量篇幅,改动了其他部分。它还增添了洛克、休谟和其他著作家的话,加上菲利普自

① 指菲利普·坎蒂隆所著《关于工商业、货币、金银、银行和外汇的分析。主要选自一位已故的极有才能的绅士的手稿,并根据我国商业的目前情况作了改写》,1759年伦敦版。——译者

② 英语中的"late"可作已故的,原先的,以前的等多种解释。这里,杰文斯把该词理解成"已故的",而作者认为应是"以前的"。——译者

己的空洞无力而又奔放不羁的文学想象,使文章变得拖沓冗长。这些都完全不像理查德能写出来的东西。菲利普写道(第 85 页):“倘若这些论文交上好运而受到公众欢迎,那么,根据我多年经验所积累起来的许多估计,我建议发表一篇简短的《算术论文》……”这段话很可能使杰文斯深有感触,以致他说,“菲利普肯定是一个拙劣的雇佣文人”。档案馆里有许多文件涉及菲利普的各种诉讼案,但它们无关宏旨。把《分析》和《概论》进行详细核对也没有结果。

在《分析》第 202 页,他感情冲动地写了高等民事法院的一项决定:外国汇票的出票人,虽然从未收到告知其汇票因没有承兑和付款而被拒付的拒付通知书,他仍应依法赔偿这笔款项。然而,在高等法院的一个十分相似的案件中,法庭和陪审团主张免除汇票的出票人偿付上述那种款项的义务。这事大概是他本人的经历,而且可能造成了他的破产。

坎蒂隆的后裔

坎蒂隆在 1724 年 5 月 18 日的宣誓书中说(参阅本书第 192 页),他打算去意大利,然后回伦敦居住,“他在那里有一所房子和家庭,还有一个儿子,正在伦敦近郊由保姆照料。”这个儿子一定是早年夭折了。到 1734 年,他唯一剩下的孩子是女儿亨里埃塔(生于 1728 年)。1743 年 7 月 5 日,亨里埃塔嫁给第三代斯塔福德伯爵威廉·马赛厄斯·霍华德,他于 1750 年去世。1759 年 10 月 11

日，亨里埃塔在伦敦老鱼街圣玛丽·马格达伦教堂[①]同法纳姆男爵罗伯特·马克斯韦尔结婚。她死于1761年8月30日，留下同第二个丈夫所生的一个孩子，亨里埃塔·马克斯韦尔小姐。马克斯韦尔小姐于1783年嫁给尊敬的丹尼斯·戴利。她是第一代邓桑德尔勋爵的母亲，一直活到1852年。她把她的祖母理查德·坎蒂隆夫人的一幅画像带进了戴利的家庭。这幅画像为法国画家拉吉利埃所绘。经他画过肖像的人有查尔斯二世、詹姆斯二世、查尔斯·爱德华·斯图亚特(陈列于我们的国家肖像艺术馆)和红衣主教亨利·斯图亚特。理查德·坎蒂隆夫人的画像宽约三英尺六英寸，长约四英尺六英寸，标名为玛丽·德·马奥尼(坎蒂隆夫人)。1723年，玛丽·沃特利·蒙塔古夫人在给她的姐妹马尔伯爵夫人的信中写道："请你把我的睡衣寄给巴黎的英国银行家休斯先生，并写明由坎蒂隆夫人转交，睡衣一定会稳妥地到我手中。她是我的新邻居，在(阿尼埃尔?)村里有一所非常漂亮的住宅，她本人的容貌可使我们的大部分伦敦美人黯然失色。你知道我们是多么喜欢新奇的事情。再说，她确实非常妩媚，而且不乏悟性。我在她的熟人那里存有一千件商品。"[②]最近出版的《孟德斯鸠书信集》说明，孟德斯鸠属于坎蒂隆夫人的爱慕者之列。看来，她婚前和婚后的大部分时间是在法国度过的。

---

① 雷恩的尖塔形教堂之一。它于1886年焚毁，未予重建。老鱼街现已变成维多利亚女皇街。参阅G.B.贝森特所著《城市教堂》，伦敦，1926年，第62—63页。

② 《玛丽·沃特利·蒙塔古夫人书信集》，W.莫伊·托马斯编，伦敦，1861年，I.468。1741年，她从罗马写信给她的兄弟说："如果适逢巴尔克利夫人，我希望你美言她一番。"同前，II.86。

亨里埃塔·马克斯韦尔夫人还把坎蒂隆的女儿和女继承人的一幅画像带进了邓桑德尔宅第。它是由阿伦·拉姆齐画的,标名为斯塔福德伯爵夫人亨里埃塔·黛安娜,1757 年。这幅画像宽二英尺五英寸,长三英尺,描绘了时年二十九岁的伯爵夫人,头发上搽有白粉。霍勒斯·沃波尔致霍勒斯·曼爵士的信中曾经提到她。1743 年 4 月 5 日,他写道:"斯塔福德勋爵将要来这里(巴黎),同腰缠万贯和信其宗教(新教)的坎蒂隆小姐结婚……。她的长相同他一样丑陋。但是,等她来到巴黎,浓妆艳抹一番,住进单独的一套房间,谁能说她不是一个美人呢!"[①]他的预言看来是有道理的,因为他描写在拉内拉格的一场盛宴时写道(1749 年 5 月 3 日),"伊夫琳小姐、毕晓普小姐、斯塔福德夫人和皮特夫人都十分娇艳。"[②]沃波尔认为阿伦·拉姆齐在画女人肖像方面要胜过雷诺兹。第一代邓桑德尔勋爵在 1845 年爱尔兰贵族爵位中封为邓桑德尔和克兰科纳尔男爵,他死于 1847 年。他的长子丹尼斯·圣乔治·戴利继承爵位,卒于 1892 年。他的弟弟斯克芬顿·詹姆斯·戴利,即第三代男爵,于 1892 年未婚亡故。第四代邓桑德尔勋爵詹姆斯·弗雷德里克·戴利于 1911 年未婚亡故,从此爵位再无合法继承人。他是尊敬的罗伯特·戴利的儿子,而罗伯特·戴利是第一代男爵的最小的儿子。

现在,邓桑德尔宅第的主人是丹尼斯·鲍尔斯·戴利。承蒙他的同意,画像得以复制。他是第二代邓桑德尔勋爵的孙子,也是

① 《书信集》,坎宁安编,伦敦,1857 年,I. 241—242。

② 同上注,II. 153,并参阅 I. 298。

这位伟大的经济学家留下的寥寥无几的嫡传后裔之一。

我在 1891 年撰写文章之前，曾询问戴利家族，但得到的答复是，除了坎蒂隆小姐的画像在邓桑德尔宅第外，对坎蒂隆家族的其他情况一无所知。鲍尔斯·戴利夫人非常热心，对此事给予更加深切的关注。她翻箱检查了被人遗忘的上溯至 16 世纪的旧文件，但遗憾的是一无所获。

现在的法纳姆勋爵告诉我，他家非常缺少旧时纪录，他没有找到与坎蒂隆家族有关的东西。因此，要重新获得坎蒂隆的任何一份手稿，希望甚为渺茫。

《概　论》

围绕《概论》出版的奥秘迄未彻底揭开。福克斯韦尔教授有一本书，最后十一页是“在巴黎奥古斯坦街巴鲁瓦家发现的书籍目录”，其中包括“《商业性质概论》，C……先生著，十二，二里弗尔十苏”。鉴于这是在原著的封皮上，看来巴鲁瓦非常可能是出版商。但是，尽管经过我手的《概论》已有十几本，我没有在其他书上看到这个目录。巴黎档案馆收藏的米拉波侯爵的手稿①，包含了有关此事的最有启发性的参考材料。米拉波说，他读了近期内出版的关于工业和贸易的大量著作，但感到它们的原理缺乏精确性。最后，一份罕见的手稿落到他的手中，这是欧洲产生的最有才干的人之一所写的鸿篇巨著中的唯一遗著。此人就是坎蒂隆先生。他删

① 手稿 780 号。大约写于 1750 年。欲知法文原文，参阅《经济学杂志》的上述引文。

去了姓名，继续写道："我本该欣然写明他的姓名……，但我确信我会惹恼他的家属。"他说，《概论》是本世纪在贸易方面名列前茅的天才人物之一的著作。"他的广博精深的学问具有极大的活力，囊括了有关这个课题的一切东西。他预见到罗先生的著名制度的全过程，而且由于形势所迫曾参与这个过程。他退出了这一惊人变革的舞台，并就这场灾祸将要经历的该周期的不同阶段，事先向他的客户下了命令。这个事实并非轻易说出的。它的详细情况已在欧洲的一家主要杂志上登载出来。像他这样的人看到了这个庞大而脆弱的大厦倒塌下来，知道如何避而远之，并从坍圮中大捞了一把。差不多整个欧洲，威尼斯、阿姆斯特丹和英国，几乎同时爆发金融危机，他却轻而易举地从中牟利。但是，由于他在良心上和思想上都是一位天才，他总是把黄金视为奴隶，并让财富服从于他的嗜好和志趣。不到他出现一些新的幻想，或有一些机会来遵循其慷慨解囊的好尚时，他是不会谋取财富的。他偶尔也被强烈的欲望所左右，就像所有热情奔放的人一样，但主宰他的始终是独立和自由。作为一个四海为家的人，或者更确切地说，到处均为公民的人，他在欧洲七个主要城市里都拥有房子。由于能够得到的知识极少，或者为了核实计算结果，他从大陆的一端跑到另一端。他的一位朋友告诉我，有一天这位朋友去到坎蒂隆在巴黎的家里，看到他穿着晨衣，桌上放着利维[①]的塑像。他说：'我正要作一次短暂的旅行。罗马人从高卢人赎回城市时所用铸币的价值总是有误。大公爵的珍藏中有一枚这种铸币。我要去验证它的重量和成色。'

① 利维(Livy)，古罗马历史学家(公元前59年—公元17年)。——译者

这时,马车到了,他告别我的朋友,登上了马车。在这些旅行中,他对一切事物都寻根究底,下车到田间询问农民,鉴别土质,舔尝土壤,写下笔记,并在晚上歇宿时由一位始终带在身边的会计进行整理。由于一场异乎寻常和令人遗憾的灾难,大量的珍贵手稿连同他本人一起消失殆尽。这里的部分手稿是通过一个人事后宣布的一种偷窃行为而落到我手里的。手稿的翻译正是为这个人进行的。"对于这篇有关坎蒂隆品质的热情洋溢的评述,必须用一封信来作对照。这封信是他过去的出纳员乔治·维登写的,署明1727年6月11日。信中说,他是"一个恶棍。与其说不给他帮忙,毋宁说把他砸得粉身碎骨,才符合公正和慈善"。毫无疑问,乔治·维登是在一场艰难的讨价还价中顽强地坚持成交条件。

米拉波说,他不忍心把如此稀罕的手稿保留在自己身边,因而建议将它发表。可是,手稿不是尽善尽美,使他踌躇不前。原因是手稿缺少附录,其中的统计数字具体说明了它的原理,而且它的措辞也需要修改。"这部著作原先是用英文写的。坎蒂隆先生(名字再次被删去,代之以"作者")亲自翻译了这部著作,以供他的一位知心朋友使用。他推迟了附录的翻译,而附录连同他的其他文稿俱遭毁灭……。他从未想到这部著作会用法文出版,把它译成法文仅仅是为了一位朋友,而且他知道这位朋友的思想同他是一致的,所以他不太注意译文的措辞。"[①]米拉波说,在他不得不把手稿送归其合法的主人之前,手稿为其所有达十六年,《概论》就是根据

① 这些无可怀疑的说明是由一个人作出的,他小心翼翼地保存着手稿,对它的作者非常可能怀有好奇心。鉴于这些说明,我无法理解为什么坎南博士推测坎蒂隆没有亲自翻译《概论》。《经济理论评论》,1929年,第19、65页。

这份手稿刊印的。猜测这位合法的主人和坎蒂隆的知心朋友是谁,是徒劳的。到1755年,他的妻子已经去世五六年了(见本书第156页)。坎蒂隆家族的社交圈子甚广,而且都是显贵。

杰文斯曾谈到,波斯尔思韦特于1757年发表的《大不列颠的真正体系》,辑录了《概论》的某些部分。对此,现在还必须补充一件有趣的事实[①]:早在1749年,即《概论》发表前六年,波斯尔思韦特把《概论》中的大约六千字印录于"《论贸易和商业大辞典的体例、使用和重要性》,译自萨瓦里先生……的法文著作,并有增补,伦敦,1749年,4开本"。这本书最后第41页同《概论》第298页及续页如此相近,以致可以肯定波斯尔思韦特手里一定有英文原文。我毫不怀疑波斯尔思韦特的译文中有坎蒂隆自己的语言,改动很少,甚至没有。他写道:"例如,假如巴黎贵妇人喜欢布鲁塞尔精细网织品,而且每年消费的布鲁塞尔精细网织品的价值达到十万盎司白银……。"《概论》第105页说:"假如巴黎贵妇人每年消费的布鲁塞尔精细网织品的价值达到十万盎司白银……。"[②]当时,唯一的法文译本是在米拉波手中,波斯尔思韦特不可能用上它。此外,一位英语翻译一定要有辨别语言细微差别的卓越才能,才会把"les Dames de Paris"(巴黎妇人成巴黎贵妇人)译为"the ladies *of quality* of Paris"(巴黎贵妇人),而不是仅仅说成"the Paris ladies"(巴黎妇人)。"Ladies of quality"是具有现代特色的英语,在1730年把它译成法语时用"Dames"一词就够了,而现在或许要用

① 感谢海克博士给我这段引文。

② 原文为法文。

"grandes Dames"(贵妇人),因为法国和英国一样,每个妇人现在都是"Lady"[1]。当我们比较这两种说法时,从习惯用语的翻译上看,有时也有一些细小的出入,但从意思上看毫无二致。再说,坎蒂隆把原稿的英语译成法语时译得自由一些,这也不是丝毫不可能的。《概论》第4页写道:"如果一位君主率领军队征服了一个国家……,"而波斯尔思韦特的译文("劳动"条目)则是"如果一位君主率领军队征服了法国……"。很自然,坎蒂隆会作出这种修改,以免伤害其法国朋友的感情。令人惊异的事情是,在《大辞典》[2](伦敦,第一卷1751年,第二卷1755年,对开本)中,波斯尔思韦特辑录了《概论》的几乎全部的实质部分。坎南博士首先偶然地述及"劳动"条目中的相同之处,但是除了零星的巧合外,我发现《概论》的许多部分存在于下列条目里:"对外汇兑事务的仲裁;贸易差额(逐字逐句地重复上述《论贸易和商业大辞典的体例、使用和重要性》里的长篇摘录),银行,物物交换,英国,现金,流通,铸币,利息,劳动,耕作,采矿和货币。"

本书译文已同这些条目作了核对,并按照这些条日适当地进行刊正。这很可能接近于恢复英文原文。欲知主要的相同之处,可参阅附录一。

文学协会的图书馆管理员已故特德先生坚持认为,英文原稿确实是由弗莱彻·盖尔斯刊印的。他在一封私信中写道:我们知道在坎蒂隆活着的时候,盖尔斯从事出版工作。法文著作扉页上的特别

① "Lady"一词在现代英语里可解释为女士、小姐、夫人、贵妇人等。——译者

② 指M.波斯尔思韦特所编《贸易和商业大辞典》。——译者

说明,除非抄自英文原稿,否则,怎么会出现在扉页上呢?那么,我要问的一个问题是,根据塔克的著作译出的《商业的重要问题》(法文)在1755年发表时,为什么会有同样的法文版本说明"伦敦,弗莱彻·盖尔斯家,在霍尔本"?据说,这个译本是在古尔内的鼓励下由杜尔哥翻译的,因而古尔内劝说《概论》手稿的主人将手稿付印是可能的。假如《概论》用英文刊印,那么它竟然会消失得无影无踪,而且没有一个著作家和评论家提到它,这是不可思议的。

波斯尔思韦特在《大不列颠的真正体系》(1757年,第154页)中,列举钢的价值和手表游丝的价值之间的比例是1比1,538,460。坎南博士在1897年提出,波斯尔思韦特可能是从"附录"中摘取这个数据的。然而,看来可能性更大得多的是他本人根据当时的最新情况计算出来的,而"附录"中的数据至少要早二十三年,大约为一百万,不会超过一百五十万。《经济学杂志》(第6卷,第165页)的编者按语,以更长的篇幅讨论了这个问题。坎蒂隆去世后,人们孜孜不倦地寻找"附录",但未能如愿。看来它包括了对欧洲不同国家里工人预算的初步研究,可供同勒·普莱的伟大著作《欧洲工人》(巴黎,1855年,对开本)进行有趣的比较。

从苏里南送回坎蒂隆的文件,使人们希望其中可能有他的一些著作遗稿。凶手曾把一批文件杂乱无章地卷成一团,其中包括不久执行的1734年遗嘱,以及坎蒂隆生前最后一天提取的一些银行票据。在"这包文件"转交给我们驻海牙的大使以前[①],苏里南公司的职员誊写了原文的抄件。我们大使建议偿付二十畿尼赏

① 承蒙C.F.韦斯顿·安德伍德先生(布里格的萨默拜宅第)给我大使信件的抄件。

金,作为报酬可能是够了。那么,看来文件的卷帙颇多。这些文件移交给了加文。加文很可能又把它们转交给巴尔克利一家。凶手在杀人之后,曾到法国酒商马丁先生的店里,他的裤子口袋撑开了,有几个畿尼掉了出来。但是,他未必可能携带著作文稿,这会使他负担过重。米拉波断言这一大堆文稿已全部付之一炬,他说这话可能是有充足证据的。我们绝不能把波斯尔思韦特使用的文本估计在内。如果正如米拉波在1756年所说的那样,坎蒂隆的亲属对提及坎蒂隆的名字一定会忌恨的话,那么可以公正地说,波斯尔思韦特并未犯下剽窃之罪。事实上,他在其他方面都是不同寻常地凭良心办事的,他所采用的引文和语录也是准确的。这些引文和语录丰富得足以编辑一本像样的书目提要。哈里斯可能就是从《辞典》而不是直接从《概论》撷取材料的。

我在1891年《经济学杂志》所刊登的那篇文章中[①]写道:“坎蒂隆对当代其知识领域里出类拔萃的人产生如此重大的影响,以致堪称亚当·斯密之前的经济学家的经济学家。”坎南博士大概是针对这段话[②]写道:“有人称坎蒂隆为‘经济学家的经济学家’,意即他的影响及至思想超群的人,而不是庶民。事实上,在1755年之后的几年内,《概论》印刷了好几版。”如果这是说《概论》初次出版时曾有广大的读者,那么这与种种迹象是不相符合的。莫尔莱

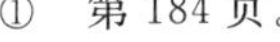

① 第184页。

② 《经济理论评论》,1929年,第19页。坎南博士评论道,《概论》很快被人忘却,“可能在一定程度上是由于其法语和英语混杂在一起的特点”(上述著作第19页),但是,它的法语还是相当过得去的。米拉波则毫不含糊地说坎蒂隆精通这门语言。参阅《经济学杂志》,I.268页。

说，古尔内“让许多人阅读了坎蒂隆的《概论……》，这是一部杰作，但被人们忽视了。”[1]米拉波说，公众对论述贸易的文章感到厌倦，《概论》枯燥乏味的格调，无疑是造成人们以漫不经心的态度让一部具有如此罕见价值的著作成为过眼云烟的原因。1756年非法翻印的几种版本可能没有达到预想的效果。今天已难以找到这些版本。另一方面，颇有学问和享有盛名的著作家们，尽管人数很少，却称赞和援引这部著作。他们对《概论》的索然无味和说教式的格调并不反感。要了解这些情况，可参阅附录二。

米拉波曾设想在《概论》的基础上撰写一本书，其做法是修改《概论》的措辞，增补自己的评论。可是，他还没有来得及实现其意愿，手稿的合法主人就已要求收回手稿。看来，这位主人认为手稿还是原封不动地付梓为好。后来，米拉波打算写的书演变为《人民之友》这本书在法国风靡一时，导致米拉波和魁奈会见，两人开始交往，结果建立了《经济学家》一书里所说的“派别”[2]。第一部分中述及坎蒂隆的话是福克斯韦尔教授首先向我指出的。

杰文斯撰写其文章的时候，读者几乎无法得到《概论》。现在既然可以得到，就没有必要大量援引《概论》，也没有必要简述它的论点。读者自己可以作出判断。至于坎蒂隆著作的价值，人们的看法已经改变，可以用一些引文来说明。马歇尔在他的《原理》初版(第53页注释)中，或许是为反驳杰文斯而评论道：坎蒂隆“虽然目光敏锐，而且在某些方面超越了他的时代，但看来缺乏严密性”。

---

① 《莫尔莱回忆录》，第1卷，第37—38页，1823年。

② 参阅希格斯：《重农学派》，第19—25页。

我曾经冒昧地询问他:坎蒂隆的前辈或同代人中,有哪一位具有像坎蒂隆那样的严密程度呢?他回答说,他对坎蒂隆可能不够重视,将在下一版作出修正。这一诺言充分兑现了。妒忌魁奈名望的翁肯(Oncken)教授,在其《国民经济史》①中写道,坎蒂隆"同蔡尔德和李嘉图一样,不过是个商人而已。他当然不是经济科学的创始人。"所有这些或褒或贬的评价现在已经改变。门罗教授的《早期经济思想》(波士顿,马萨诸塞州,1924 年)载有《概论》的长篇译文,他为此作序说,坎蒂隆是"亚当·斯密之前最伟大的经济学家"。在其《亚当·斯密之前的货币理论》(波士顿,马萨诸塞州,1923 年)一书中,他以肯定的态度大量地援引了《概论》的第二和第三部分,并强调了坎蒂隆对这个课题作出贡献的才能和独创性。坎南博士的《经济理论评论》(1929 年)有许多地方提及"坎蒂隆,这位杰出天才"的著作(第 65 页),并在许多地方载有著作的节录。该书还说杰文斯所作的赞扬毫不过分(第 20 页)。

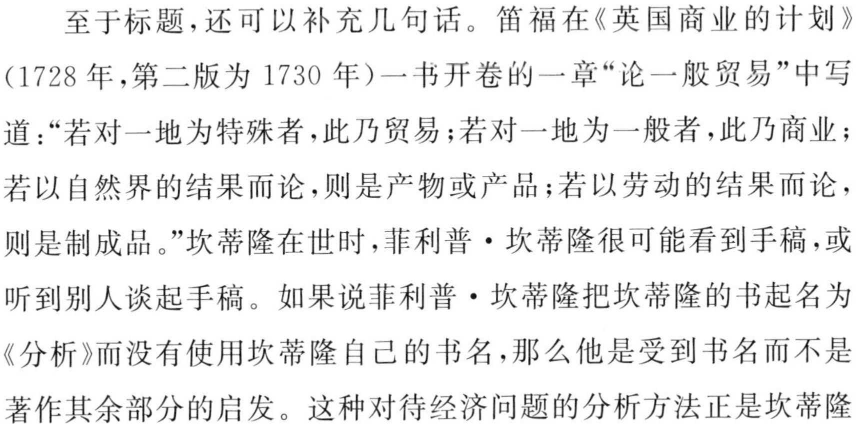

至于标题,还可以补充几句话。笛福在《英国商业的计划》(1728 年,第二版为 1730 年)一书开卷的一章"论一般贸易"中写道:"若对一地为特殊者,此乃贸易;若对一地为一般者,此乃商业;若以自然界的结果而论,则是产物或产品;若以劳动的结果而论,则是制成品。"坎蒂隆在世时,菲利普·坎蒂隆很可能看到手稿,或听到别人谈起手稿。如果说菲利普·坎蒂隆把坎蒂隆的书起名为《分析》而没有使用坎蒂隆自己的书名,那么他是受到书名而不是著作其余部分的启发。这种对待经济问题的分析方法正是坎蒂隆

① 莱比锡,1902 年,第 279 页。

最鲜明的独有的特征。他把伦理学和政治学撇在一边,就像裁判员在一场职业拳击赛开始前蛮横地下令侍从人员走出圈外一样。有人断言,突出物质财富的概念,是亚当·斯密的独创性功绩之一。但是,这对坎蒂隆来说,显然也是如此。他精辟地阐述了他的价值理论,这一理论对于他论述经济力量在分配和流通中所产生的结果,发挥了支柱的作用。

我读了1734年以前的一千多篇经济文章之后,认为坎蒂隆对财富流通的分析(尽管现在看来可能陈旧),与哈维[①]对血液循环的研究,具有同样重要的意义。季德教授这位如此卓越的经济思想史权威断言,让·巴·萨伊"首先采用'业主'[②]这个选择得当的术语,来表明手中积聚资本的生产力——劳动和自然力——的人具有十分重要的经济职能"[③]。他还说,让·巴·萨伊"赋予经济科学以目前的形式和定义……(例如,'业主'这个术语已为大多数其他语言所借用)"。[④] 萨伊的《政治经济学概论》发表于1803年。无需指出坎蒂隆使用这个词先于他整整七十年。这里也无需详述这样的事实:坎蒂隆在经济思想史上的荣誉地位现已确凿无疑和不可更改地确定了[⑤]。

亨利·希格斯

---

① 威廉·哈维(Willian Harvey,1578—1657)是英国医生,以发现血液循环而闻名于世。——译者

② 原文为'Entrepreneur',指从事某项实业,为赚取利润而冒风险的人。现在一般译为"企业家",本书中译为"业主"。——译者

③ 帕尔格雷夫的《政治经济学辞典》,让·巴·萨伊条目。

④ 帕尔格雷夫的《政治经济学辞典》,法国政治经济学学派条目。

⑤ 如要更加详细地研究这一点,可参阅希格斯的《坎蒂隆在经济学上的地位》,载于《哈佛大学经济学季刊》,波士顿,马萨诸塞州,第6卷,第436—456页,1892年。

附 录 一

波斯尔思韦特的《辞典》和坎蒂隆的《概论》的主要相似之处如下：

《辞典》条目	**《概论》**
对外汇总事务的仲裁劳动	第三部分第二、三章；第一部分第二、七、八、九、十、十一、十六章
利息	第二部分第九、十章
矿山	第一部分第十七章
货币	第二部分第六章
英国	第二部分第六章
现金	第一部分第十四章；第二部分第三章
易货贸易	第二部分第二章
贸易差额	第三部分第一、二、三章
耕作	第一部分第十五章
流通	第一部分第十三章；第二部分第四章
银行	第三部分第六、七章
铸币	第二部分第四、五章

附　录　二

参考书目

杰文斯(Jevons,W. S.),文章载《当代评论》,1881 年 1 月。重印于上述杂志,第 333—360 页,并载他死后发表的《经济学原理》(希格斯编),1905 年伦敦版。(art. in *Contemporary Review*,January 1881. Reprinted above,pp. 333—360,and in his posthumous *Principles of Economics* (ed. Higgs),London,1905.)

希格斯(Higgs,H.),文章载《经济学杂志》,1891 年 6 月;《经济学季刊》,1892 年;杰文斯所著《原理》的序言,第 ix—xiii 页,1905 年;《重农学派》,1897 年伦敦版,书中各处都有。(art. in *Economic Journal*, June 1891;*Quarterly Journal of Economics*,1892;Preface to Jevons's *Principles*,pp. ix—xiii,1905;*The Physiocrats*,London,1897,*passim.*)

冯・西弗斯(F. von Sivers),文章《杜尔哥在国民经济学说史上的地位》,《国民经济年鉴》,1874 年耶拿版第 22 卷。(art. "Turgot's Stellung in den Geschichten der Nationalökonomie," *Jahrb. für Nationalökonomie*, Bd. xxii Jena,1874.)

鲍威尔(Bauer,S.),文章《重农学派的产生》,《国民经济和统计年鉴》,1890 年耶拿版新缉第 22 卷;文章载《经济学季刊》,1890 年 10 月。(art. "Zur Entstehung der Physiokratie," *Jahrb. für Nationalökonomie und Statistik*, N. F. Bd. xxii,Jena 1890;art. in Quarterly Journal of Economics, October 1890.)

霍顿(Horton,S. Dana),《艾萨克・牛顿爵士和英国对银币征收的寓禁关税》,载于为答复杰文斯教授关于坎蒂隆的论文而致他的公开信,1881 年辛辛那提版。(*Sir Isaac Newton and England's Prohibitive Tariff upon*

Silver Money, in an open letter to Professor Jevons in reply to his Essay on Cantillon. Cincinnati, 1881.)

《国民传记辞典》,"坎蒂隆"条目,H. R. 特德撰文。1886年伦敦版。(*Dict. of Nat. Biography*, s. v. "Cantillon," art. by H. R. Tedder. London, 1886.)

《政治经济学辞典》(波尔格雷夫和希格斯编),"坎蒂隆"条目,H. 希格斯,S. 鲍威尔和F. Y. 埃奇沃思撰文。1925年伦敦版。(*Dict. of Political Economy* (ed. Palgrave and Higgs), s. v. "Cantillon," arts. by H. Higgs, S. Bauer and F. Y. Edgeworth. London, 1925.)

门罗(Monroe, A. E.),《早期经济思想》,1924年马萨诸塞州波士顿版。(*Early Economic Thought*. Boston, Mass., 1924.)《亚当·斯密之前的货币理论》,1923年马萨诸塞州波士顿版。(*Monetary Theory before Adam Smith*. Boston, Mass., 1923.)

勒格朗(Legrand, R.),《理查德·坎蒂隆》,1900年巴黎版。(*Richard Cantillon*. Paris, 1900.)

埃弗茨(Effertz, Otto),《劳动和土地》,1893年至1894年。(*Travail et Terre*. 1893—4.)

克雷奇纳(Kretschner, W.),关于属于理查德·坎蒂隆的《商业性质概论》以及奥托·埃弗茨学说的专论,1889年利斯塔尔版〔巴斯勒专论之一〕。(*Ueber den Richard Cantillon zugeschrieben "Essay sur la Nature du Commerce en général" mit besonderer Berücksichtigung der Lehren von Otto Effertz*. Liesthal, 1889[one of the Basler Dissertations].)

坎南(Cannan, E.),《经济理论评论》,1929年,书中各处都有。(*A Review of Economic Theory*. 1929 Passim.)

在述及坎蒂隆的其他著作中,有下列部分著作:

魁奈(Quesnay),文章《谷物论》,载狄德罗和达朗贝主编的《百科全书》,1757年巴黎版。(art. "Grain" in the Encyclopédie of Diderot and D'Alembert. Paris 1757.)

米拉波(Mirabeau),《人民之友》,第一卷,书中各处都有(特别是第二章和第七章)。1756年阿维尼翁版。(*L'Ami des Hommes*, *t. i*, *passim*[especially chapters 2 and 7]. Avignon, 1756.)

杜尔哥(Turgot),《全集》,德尔编,1848年巴黎版,第二卷,第819页。(*Œuvres*, ed. Daire, t. ii, p. 819. Paris, 1848.)

马布利(Mably),《全集》,1789年,第五卷,第169页;第六卷,第311—328页。(*Œuvres*, t. v, p. 169; t. vi, pp. 311—328. 1789.)

孔迪亚克(Condillac),《全集》,1803年,第六卷,第141页。(*Œuvres*, t. vi, p. 141. 1803.)

莫尔莱(Morellet),《回忆录》,1821年,第一卷,第33页。(*Mémoires*, t. i, p. 33. 1821.)

格拉斯林(Graslin),《试析财富和赋税》,1767年伦敦版,第365页。(*Essai-analytique sur la Richesse et l'Impôt*, p. 365. Londres, 1767.)

斯密,亚当(Smith, Adam),《国富论》,第一篇,第八章。(*Wealth of Nations*, BK i, cap. 8.)

杨,阿瑟(Young, Arthur),《政治算术》,1799年,第二部分,第29页。(*Political Arithmatic*, Pt 2, p. 29. 1799.)

斯图亚特爵士(Sir Steuart, J.),《著作集》,1805年,第三卷,第22页。(*Works*, vol. iii, p. 22. 1805.)

格劳曼(Graumann, J. P.),《关于货币问题的通信》,1762年柏林版,第144页。(*Gesammelte Briefe von dem Gelde*, p. 144. Berlin, 1762.)

斯特雷凯森—莫尔托(Streckeisen-Moultou),《J. J. 卢梭,他的朋友和敌人》,1865年巴黎版,第二卷,第358页,第365—367页。米拉波致卢梭的一封关于坎蒂隆的重要信件,署明1767年7月30日。(J. J. *Rousseau, ses amis et ses ennemis*, t. ii, p. p. 358, 365—7. Paris, 1865. An important letter, deted 30 July 1767, from Mirabeau to Rousseau about Cantillon.)

拉韦涅(L. de Lavergne),《18世纪法国大经济学家》,1870年巴黎版,第167页及续页。(*Les grands économistes français du* XVIIIe *siècle*, p. 167 *et seq*. Paris, 1870.)

德尔(Daire, E.),《重农学派》,1846年巴黎版,第47页。(*Les Physiocrates*. p. 47. Paris, 1846.)

要了解格里姆、弗雷朗(Freron)、波斯尔思韦特、哈里斯等人的著作,可参阅杰文斯的文章。

索　　引

二　画

三　画

四　画

五　画

六　画

七　画

八　画

九　画

十　画

十一画

十二画

十三画

十四画以上

剑桥：W. 刘易斯(文科硕士)刊印于大学出版社。

图书在版编目(CIP)数据

商业性质概论/(爱尔兰)理查德·坎蒂隆著;余永定,徐寿冠译.—北京:商务印书馆,2017
(汉译世界学术名著丛书:120年纪念版:珍藏本)
ISBN 978-7-100-14116-1

Ⅰ.①商… Ⅱ.①理… ②余… ③徐… Ⅲ.①古典资产阶级政治经济学 Ⅳ.①F091.33

中国版本图书馆CIP数据核字(2017)第138586号

汉译世界学术名著丛书
(120年纪念版·珍藏本)
商业性质概论
〔爱尔兰〕理查德·坎蒂隆 著
余永定 徐寿冠 译

商 务 印 书 馆 出 版
(北京王府井大街36号 邮政编码100710)
商 务 印 书 馆 发 行
南京爱德印刷有限公司印刷
ISBN 978-7-100-14116-1

2017年12月第1版 开本710×1000 1/16
2017年12月第1次印刷 印张15¾
定价:80.00元